Neumann/Grehl

Stricken Marinelook

Dorothea Neumann/Sabine Grehl

Stricken Marinelook

Modelle für die ganze Familie

AUGUSTUS

Liebe Leserin

Strickmodelle im Marinelook sind immer zeitgemäß, oder anders ausgedrückt – sie kommen eigentlich nie aus der Mode. In jedem Jahr finden wir unter den vielen Trendthemen auch diesen Klassiker, zwar stets mit neuem Namen, wie zum Beispiel: Sailing, Navy, Regatta, Yachting ... erkennbar aber an den frischen Farben Blau, Weiß und Rot. Hervorgehoben wird dieser Stil noch durch die klassischen Garnqualitäten aus Baumwolle und Wolle.

Streifenmuster, maritime Motive und klassische Schnitte eignen sich für die ganze Familie. Man muss kein Segelexperte sein, um an diesem Stil Gefallen zu finden. Auch als Landratte machen Sie in diesen Modellen eine gute Figur.

Das Buch zeigt Ihnen eine Vielzahl von Motiven und Mustern, mal klassisch, mal modern. Das Nachstricken ist ganz einfach: Für die Zopfmuster gibt es Strickschriften, alle Zählmuster sind farbig angelegt. Unifarbige Modelle können aber auch mit fertigen Applikationen aufgepeppt werden. Beispiele dafür finden Sie ebenfalls in diesem Buch.

Wenn Sie sich für ein Modell entschieden haben, informieren Sie sich über den Materialverbrauch, der gleich zu Beginn jeder Anleitung steht. Mit dem passenden Material kann es dann losgehen. Natürlich zuerst mit einer Maschenprobe. Das muss einfach sein.
Es besteht immer die Möglichkeit, dass auch bei gleichem Material unterschiedliche Maschenproben erstellt werden. Das kommt ganz darauf an, wie Sie arbeiten. Nichts ist ärgerlicher, als bei einem fertiggestrickten Teil festzustellen, dass die Endmaße nicht der Anleitung entsprechen.
Stricken Sie die Maschenprobe im Originalmuster, denn gerade Muster beeinflussen die Maße erheblich. So bekommen Sie auch gleich das Gefühl für ein noch unbekanntes Strickmuster, und für das Strickteil geht Ihnen die Arbeit viel leichter von der Hand.

Noch ein Tip, bevor Sie starten: Lesen Sie die Anleitungen des gewünschten Modells sorgfältig durch. Beachten Sie dann auch die Hinweise in dem Kapitel „Material und Technik", dann wird Ihr Modell problemlos gelingen.

Wir wünschen Ihnen viel Freude und Erfolg bei Ihrer Handarbeit.

Inhalt

Material und Technik 6

Quergestrickter Herrenpullover 8
Pullover mit Farbflächen 10
Streifentop 12
Pullover mit V-Ausschnitt 14
Rollrandmütze 17
Kurzpullover mit Kragen 18
Matrosenjacke mit Stickmotiv 20
Jungenpullover mit blauer Passe 22
Mädchenpullover im Streifenmuster 24
Kapuzenpullover 26
Jungenpullover mit Rettungsring 28
Mädchenpullover mit Goldfischen 30
Pullover mit Segelschiff 32
Rippenpullover 34
Patentpullover 36
Herrenpullover mit Passe 38
Baskenmütze 41
Kinderpullover 42
Socken für die Familie 44
Impressum 48

Material und Technik

Damit Sie während des Strickens keine unangenehmen Überraschungen erleben, im Folgenden ein paar allgemeine Hinweise zu den Materialien und einigen Arbeitsschritten:

Garne und Zubehör

Im Handel wird eine Vielzahl Garne angeboten. Die in diesem Buch verwendeten Garne sind alle Schachenmayr-Qualitätsgarne. Auch Garne sind modeabhängig: Qualität und Farbpalette ändern sich oft. Sollten Sie eine Farbe oder eine Wollqualität nicht erhalten, lassen Sie sich im Fachgeschäft über Alternativen beraten.

Stricknadeln & Co.

Die Angaben zur Nadelstärke finden Sie jeweils in den Materialangaben des ausgewählten Modells. Es werden immer zwei Nadelnummern zur Auswahl angeboten.
Die entscheidende Nadelnummer jedoch richtet sich nach Ihrer Arbeitsweise bzw. danach, ob Sie fest oder lose stricken. Anhand der Maschenprobe finden Sie die richtige Nadelstärke schnell heraus. Auch müssen Sie entscheiden, ob Sie lieber mit geraden Nadeln oder mit flexiblen Rundstricknadeln arbeiten. Das hängt ganz davon ab, wie die Nadeln in Ihrer Hand liegen und Sie bequem damit arbeiten können.

Die Strickteile sollten Sie zum Glätten mit Spann- oder Quiltstecknadeln aufstecken. Verwenden Sie die Nadeln auch zum Zusammenstecken der Teile, bevor Sie sie zusammennähen. Herkömmliche Stecknadeln sind ungeeignet, da sie leicht in den gestrickten Teilen verschwinden.
Zum Vernähen der Fäden und Zusammennähen der Strickteile eignen sich Sticknadeln ohne Spitze besonders gut. Stechen Sie jeweils in die Masche und nicht in den Faden ein.
Zum Markieren von Änderungen im Maschenbild können Sie kontrastierende Fäden an den entsprechenden Stellen einziehen oder spezielle Markierungsringe einstecken.
Ein Maßband (Roll- oder Zentimetermaß) dient zur Schnittkontrolle der Strickteile. Es darf auf keinen Fall fehlen.

Maschenprobe

Die Maschenprobe ist die grundlegende Voraussetzung für das Gelingen eines Modells. Stricken Sie ein 12 x 12 cm großes Quadrat, in dem Originalgarn und natürlich auch mit dem gewünschten Muster. Gehen Sie dann folgendermaßen vor: Die Probe anfeuchten, leicht spannen und trocknen lassen. Messen Sie dann ein 10 x 10 cm großes Mittelstück mit einem Geodreieck aus. Besser jedoch, Sie verwenden einen Zählrahmen. Diesen können Sie auch als Schablone aus einem 15 x 15 cm großen Pappkarton mit einem 10 x 10 cm großen Ausschnitt selbst anfertigen. Zählen Sie dann Maschen und Reihen innerhalb des Ausschnittes aus. Vergleichen Sie die Werte mit denen in der Anleitung. Haben Sie mehr Maschen und Reihen auf 10 x 10 cm, verwenden Sie dickere Nadeln; bei weniger Maschen und Reihen verwenden Sie dünnere Nadeln.

Abkürzungen

Die Strickanleitungen sind ausführlich und dennoch so kurz wie möglich gehalten. Damit Sie die Anleitungen verstehen und in die Praxis umsetzen können, finden Sie nachfolgend die häufigsten Abkürzungen von immer wieder verwendeten Fachausdrücken:

Fb	= Farbe
M	= Masche
R	= Reihe
Rd	= Runde
re M	= rechte Masche
li M	= linke Masche
Rand-M	= Randmasche
Hin-R	= Hinreihe
Rück-R	= Rückreihe
str	= stricken
zus-str	= zusammenstricken

Zählmuster

In den gezeichneten Strickschriften und Zählmustern bedeutet ein Kästchen stets eine Masche in der Breite und eine Reihe in der Höhe. Wenn nicht anders angegeben, beachten Sie bei einem Farbwechsel, dass Sie die Fäden auf der Rückseite des Strickteils miteinander verkreuzen; so können keine Löcher und keine langen Spannfäden entstehen.

Spannen

Nachdem Sie die einzelnen Teile gestrickt und die Fäden vernäht haben, sollten Sie die Strickteile spannen. Dies ist besonders von Vorteil, wenn die fertige Arbeit nicht ganz gerade ist. Am besten geht das Spannen auf einer Styroporplatte oder einer Badematte: Legen Sie zwei gegengleiche Strickteile z.B. Vorder- und Rückteil aufeinander. Stecken Sie die Teile nach Angaben der Schnittbemaßung auf. Feuchten Sie dann das Strickstück mit Wasser an; hierzu können Sie einen Sprühbehälter für Blumen verwenden oder Sie legen ein nasses, ausgewrungenes Tuch über die Arbeit. Lassen Sie das Ganze trocknen. Danach erst entfernen Sie die Nadeln wieder.

Applikationen

Leinen los für Applikationen! So kann man ein schlicht gehaltenes Strickmodell schnell mit einem passenden maritimen Motiv ergänzen. Das Angebot hierfür ist groß. Fertige Applikationen können von Hand oder auch maschinell aufgenäht werden.

Größe:

48–50 und 52–54
Die Angaben für Größe 52–54 stehen in Klammern. Ist nur eine Angabe vorhanden, gilt diese für beide Größen.

Material

- *Schachenmayr-Wolle Jazz (50% Baumwolle, 50% Polyacryl, Lauflänge ca. 125 m/50 g)*
  - *400 (450) g in Marine Nr. 50*
  - *100 g in Weiß Nr. 01*
  - *100 g in Gelb Nr. 25*
  - *100 g in Wein Nr. 32*
  - *50 g in Wald Nr. 71*
- *Stricknadeln Nr. 3,5–4*

Muster

Bundmuster:
Krausrippen = Hin- und Rück-R re M str.

Strukturmuster in Marine:
M-Zahl teilbar durch 6 + 2 Rand-M.
1. und 3. R: 1 Rand-M, 3 M re, 3 M li im Wechsel str, enden mit 1 Rand-M. **5. und 11. R:** re M str.
7. und 9. R: 1 Rand-M, 3 M li, 3 M re im Wechsel str, enden mit 1 Rand-M. In den **Rück-R** alle M str, wie sie erscheinen. Die **1. – 12. R** stets wdh.

Grundmuster:
Glatt re = Hin-R re M und Rück-R li M str.
Streifenfolge: *12 R Gelb, 4 R Wald, 12 R Weiß, 6 R Marine, 8 R Wein, 8 R Gelb, 6 R Wald, 12 R Weiß, 6 R Marine, 12 R Wein, dann ab * wdh.

Maschenprobe:
22 M und 32 R = 10 x 10 cm

Pullover und Ärmel werden quergestrickt!

Quergestrickter Herrenpullover

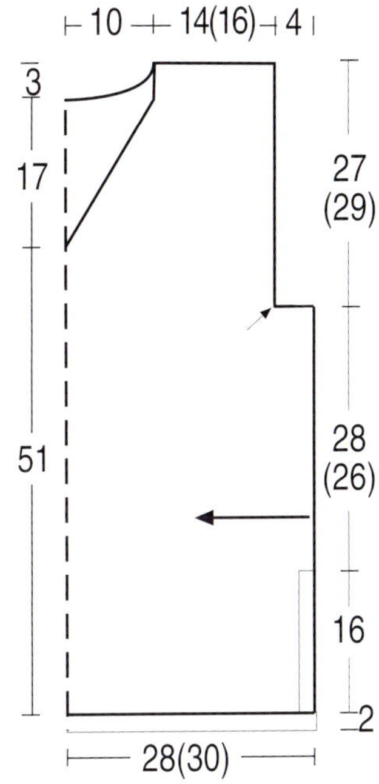

Ausführung

Rückenteil:
Zuerst die linke Teilhälfte arbeiten. 98 (92) M in Marine anschlagen und im Strukturmuster str – dabei für den Seitenschlitz am re Rand über die ersten 37 M 8 R Krausrippen str. Anschließend über alle M im Grundmuster arbeiten.
Armausschnitte:
Nach 4 cm am li Rand 60 (66) M neu anschlagen und über alle 158 M weiter im Grundmuster str. Für den Halsausschnitt nach 18 (20) cm am li Rand in jeder 2. R 2-mal 2 M und 1-mal 1 M, in der 4. R noch 1-mal 1 M abketten = 152 M. Nach 28 (30) cm Gesamtlänge ist die hintere Mitte erreicht.
Rechte Rückteilhälfte:
Glatt re und in der Streifenfolge weiterarbeiten - dabei Halsausschnitt und Armausschnitt gegengleich beenden, d. h. aus Abnahmen werden Zunahmen und aus Zunahmen werden Abnahmen.
Nicht vergessen:
Für den Schlitz nach 54 (58) cm Gesamtlänge am re Rand über 37 M Krausrippen str.

Vorderteil:
Wie beim Rückenteil zuerst die linke Teilhälfte arbeiten, jedoch den Seitenschlitz am li Rand und den Armausschnitt am re Rand arbeiten. Für den V-Ausschnitt nach 18 (20) cm am re Rand in jeder 2. R 15-mal 3 M abnehmen = 113 M. Nach 28 (30 cm) Gesamtlänge ist die vordere Mitte erreicht.

Rechte Vorderteilhälfte:
Glatt re und in der Streifenfolge weiterarbeiten – dabei Halsausschnitt und Armausschnitt gegengleich beenden, d. h. aus Abnahmen werden Zunahmen und aus Zunahmen werden Abnahmen.

Linker Ärmel:
10 M in Marine anschlagen und im Strukturmuster str. Für die Ärmelschräge am li Rand in jeder 2. R 7-mal 6 M und 10-mal 7 (8-mal 5 M und 12-mal 6) M zunehmen = 122 M. Über diese 122 M insgesamt 28 cm str, dann für die folgende Ärmelschräge die M wieder abnehmen.

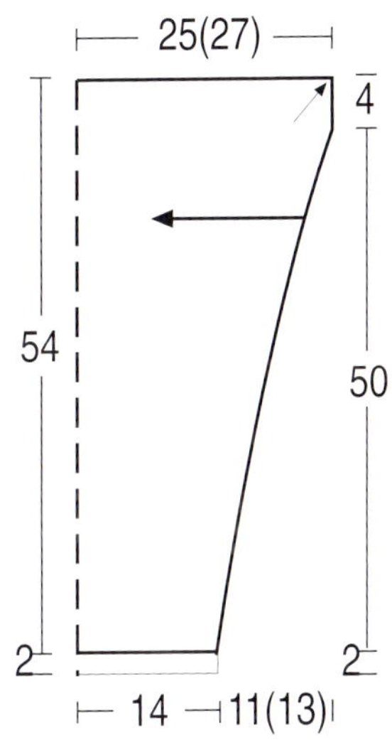

Rechter Ärmel:
Glatt re in der Streifenfolge arbeiten.

Fertigstellung

Die Teile nach dem Schnitt spannen und die Schulternähte schließen. Für die Blenden aus Ärmel- und Pulloverkanten in Marine M (aus 3 R 2 M) auffassen und 8 R Krausrippen str. Die Ärmel zeichengemäß einnähen – dabei die Armausschnitte auf Ärmelweite einhalten. Die Ärmel- und Seitennähte schließen. Aus dem Halsausschnitt ab vordere Mitte in Marine 140 M auffassen und 8 R Krausrippen str, die M abketten und die Blendenschmalseiten links über rechts in den Ausschnitt nähen.

Pullover mit Farbflächen

Größe:

38–40 und 42–44
Die Angaben für Gr. 42–44 stehen in Klammern. Ist nur eine Angabe vorhanden, gilt diese für beide Größen.

Material

- *Schachenmayr-Wolle Favorit (35% Baumwolle, 35% Polyacryl, 30% Viskose, Lauflänge ca.135 m/50 g)*
  - 200 (250) g in Weiß Nr. 01
  - 400 (450) g in Jeans Nr. 52
  - 100 g in Kürbis Nr. 28
- *Stricknadeln Nr. 3,5–4*

Muster

Grundmuster:
M-Zahl teilbar durch 5 + 1 + 2 Rand-M. Nach der Strickschrift arbeiten. In den Rück-R die M str, wie sie erscheinen. Die 1. – 6. R stets wdh. Beim Farbwechsel wird die linke Mittel-M mit beiden Farben abgestrickt.

Streifenfolge:
12 R Gelb, 6 R Marine, 6 R Gelb = 24 R – dabei die gelben Streifen ohne verkreuzte M, aber mit den li M dazwischen str.

Maschenprobe:
26 M und 32 R = 10 x 10 cm

Ausführung

Rückenteil:
67 (72) M in Weiß, 66 (71) M in Jeans anschlagen = 133 (143) M und im Grundmuster mit 1 Rück-R in Jeans beginnen: 1 Rand-M, *1 M re, 4 M li, ab * wdh, die 67. (72.) M = Mittel-M mit beiden Farben re abstr, dann in Weiß weiterarbeiten, enden mit 1 M re, 1 Rand-M. Im Grundmuster gerade hochstr.
Nach 10 cm die Farben wechseln und weiter gerade hochstr.

Streifenfolge:
Nach 39 cm über 12 R in Gelb ohne verkreuzte M, dann für die Armausschnitte beidseitig 1-mal 10 M abketten = 113 (123) M, weiter nach der Streifenfolge str. Anschließend wieder im Farbwechsel arbeiten: 1. Hälfte in Weiß, 2. Hälfte in Jeans.
Halsausschnitt:
Nach 68 cm die mittleren 31 M abketten und beide Seiten getrennt beenden. Für die Rundung am Innenrand in jeder 2. R 2-mal 2 M und 1-mal 1 M abnehmen. Nach 70 cm die 36 (41) Schulter-M abketten.

Vorderteil:
Wie das Rückenteil arbeiten, jedoch die Farbaufteilung gegengleich arbeiten, d. h. die Farben passen an Seiten- und Schulternähten zusammen.
Für den V-Ausschnitt nach ca. 47 cm – nach dem letzten gelben Streifen – aus der Mittel-M 2 M herausstr und beide Seiten getrennt beenden = re Seite in Jeans, li Seite in Weiß weiterarbeiten. Für die Abnahmen in jeder 4. R 15-mal 1 M wie folgt abnehmen: Am li Rand die 6-letzte M = li M mit der vorhergehenden M li zus-str, die letzten 4 M + Rand-M glatt re str. Am re Rand die 6. M = li M mit der folgenden M li verschränkt zus-str, die ersten 4 M + Rand-M glatt re. str. Diese 5 Rand-M ergeben eine kleine Rollkante. Nach 70 cm die 42 (47) Schulter-M abketten.

Ärmel:
68 M in Jeans anschlagen, die 1. R ist eine Rück-R = 1 Rand-M, * 1 M re, 4 M li, ab * stets wdh, enden mit 1 M re , 1 Rand-M.
Seitenschräge:
Beidseitig in jeder 6. R 22 (10)-mal 1 M, in jeder 4. R noch 6 (24)-mal 1 M zunehmen = 124 (136) M. Die Zunahmen dem Grundmuster zuordnen.

Streifenfolge:
6 cm Jeans, 24 R nach der Streifenfolge, 32 cm Jeans, 24 R nach der Streifenfolge. Nach ca. 54 cm – nach dem letzten gelben Streifen – die M abketten.

Fertigstellung

Für die Blende aus dem hinteren Halsausschnitt 22 M in Weiß und 22 M in Jeans anschlagen und im Farbwechsel ca. 8 R glatt re str. Die Teile nach dem Schnitt spannen, die Nähte schließen – dabei an den Schulternähten die Blendenschmalseiten von Vorder- und Rückenteil ebenfalls schließen. Die Blenden zur Hälfte nach links einschlagen und gegennähen. Beim Einnähen der Ärmel die Armausschnitte auf Ärmelweite einhalten.

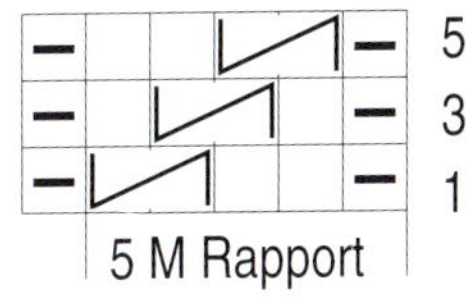

re M — li M

2 M nach re kreuzen: die 2. M der li Nadel von vorne re str, dann die 1. M re str und beide M von der Nadel gleiten lassen.

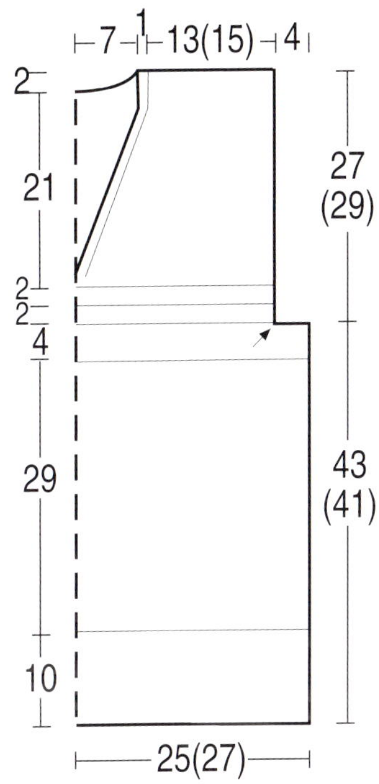

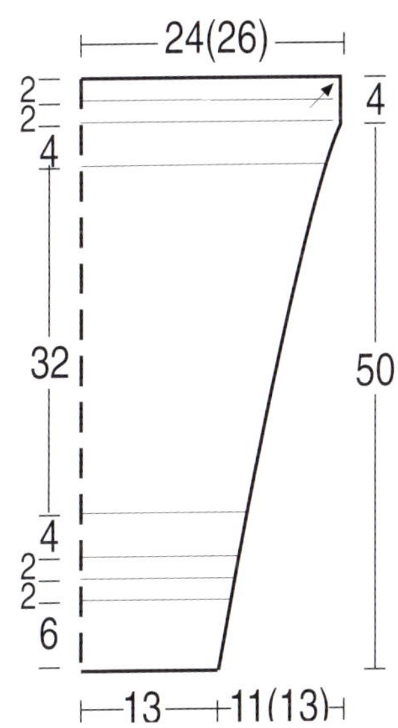

Streifentop

Größe:

36–38 und 40–42
Die Angaben für Größe 40–42 stehen in Klammern. Ist nur eine Angabe vorhanden, gilt diese für beide Größen.

Material

- *Schachenmayr-Wolle Catania (100% Baumwolle, gekämmt, mercerisiert, gasiert, Lauflänge ca. 125 m/50 g)*
  - *250 (300) g in Marine Nr. 124*
  - *100 g in Weiß Nr. 106*
  - *50 g in Perle Nr. 155*
- *Stricknadeln Nr. 3–3,5*

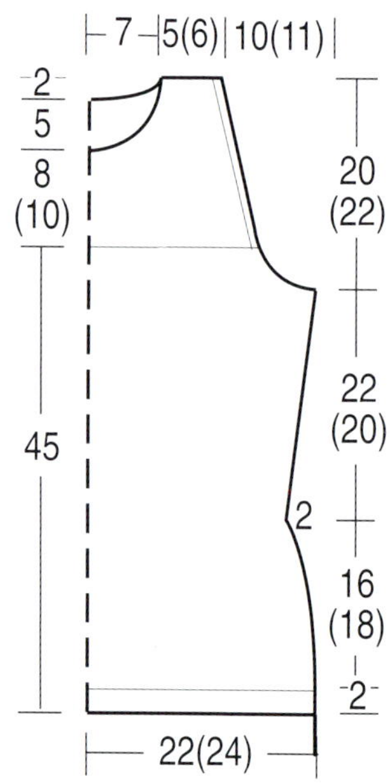

Muster

Bundmuster:
1 M re, 1 M li im Wechsel str.
Grundmuster:
Glatt re = Hin-R re M und Rück-R li M str.
Streifenfolge:
* 6 R Marine, 4 R Weiß, 2 R Marine, 2 R Perle, ab * diese 14 R stets wdh.
Maschenprobe:
26 M und 34 R = 10 x 10 cm

Ausführung

Rückenteil:
116 (126) M in Marine anschlagen und 5 R Bundmuster str, dann im Grundmuster in der Streifenfolge arbeiten – dabei gleich mit 4 R in Weiß beginnen.
Seitenschräge:
Nach ca. 6 (8) cm Grundmuster beidseitig in jeder 6. R 5-mal 1 M wie folgt abnehmen: Nach der Rand-M 2 M re zus-str, am R-Ende vor der Rand-M 2 M re überzogen zus-str = 106 (116) M.
Nach 16 (18) cm Grundmuster für die Zunahmen in jeder 12. R 5-mal 1 M wie folgt zunehmen:
Am R-Anfang nach der 2. M, am R-Ende vor den beiden letzten M 1 M aus dem Querfaden verschränkt zunehmen = 116 (126) M.
Armausschnitte:
Nach 40 cm beidseitig in jeder 2. R 1-mal 5 M, 1-mal 3 M und 3-mal 2 M abnehmen = 88 (98) M.
Anschließend in jeder 2. R 4 (6)-mal 1 M, in jeder 4. R 4-mal 1 M und in jeder 6. R 4-mal 1 M wie folgt abnehmen: Nach der Rand-M 2 M re überzogen zus-str, am R Ende vor der Rand-M 2 M re zus-str = 64 (70) M.

Achtung:
Nach ca. 45 cm Gesamtlänge das Teil in Marine weiterarbeiten.
Halsausschnitt: Nach 58 (60) cm Grundmuster die mittleren 28 M abketten und beide Seiten getrennt beenden. Für die Rundung am Innenrand in jeder 2. R 1-mal 2 M und 2-mal 1 M abketten. Nach 60 (62) cm Gesamtlänge die 14 (17) Schulter-M abketten.

Vorderteil:
Wie das Rückenteil arbeiten, jedoch für den Ausschnitt nach 53 (55) cm Gesamtlänge die mittleren 10 M abketten und beide Seiten getrennt beenden. Für die Rundung am Innenrand in jeder 2. R 1-mal 4 M, 2-mal 2 M und 3-mal 1 M, in jeder 4. R noch 2-mal 1 M abketten.

Fertigstellung

Die Teile nach dem Schnitt spannen und die Nähte schließen.
Für die Ausschnittblende 112 M in Marine auffassen und 10 cm im Bundmuster str, die M lose abketten, die Blende zur Hälfte nach links umschlagen und gegennähen. Für die Armausschnitte je 130 (142) M in Marine auffassen und 5 Rd li M str. Die Rollkante evt. von links gegennähen.

Pullover mit V-Ausschnitt

Größe:

38–40 und 42–44
Die Angaben für Größe 42–44 stehen in Klammern. Ist nur eine Angabe vorhanden, gilt diese für beide Größen.

Material

- *Schachenmayr-Wolle Catania (100% Baumwolle, gekämmt, mercerisiert, gasiert, Lauflänge ca. 125 m/50 g)*
  - *200 g in Weiß Nr. 06*
  - *200 g in Weinrot Nr. 192*
  - *50 g in Dunkelblau Nr. 202*
- *Stricknadeln Nr. 3–3,5*

(Die Anleitungen für den Herrenpullover finden Sie auf Seite 38, für die Damenjacke mit Matrosenkragen auf Seite 20.)

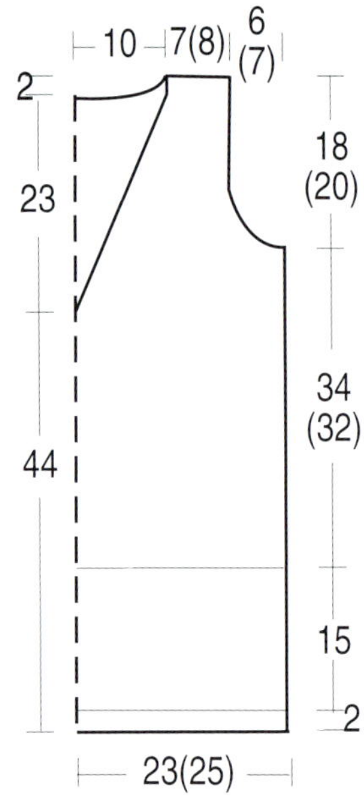

Muster

Bundmuster:
1 M re, 1 M li im Wechsel str.

Grundmuster:
Glatt re = Hin-R re M und Rück-R li M str.

Streifenfolge I:
4 R Weiß und 4 R Dunkelblau

Streifenfolge II:
14 R Weinrot und 14 R Weiß

Maschenprobe:
26 M und 34 R = 10 x 10 cm

Ausführung

Rückenteil:
122 (132) M in Dunkelblau anschlagen und 2 cm Bundmuster str, dann im Grundmuster in Streifenfolge I ca. 15 cm (51 R) str, dann in Streifenfolge II weiterarbeiten.
Armausschnitte:
Nach 49 (47) cm Grundmuster beidseitig in jeder 2. R 1-mal 5 (6) M, 1-mal 3 M, 2-mal 2 M und 2 (3)-mal 1 M, in jeder 4. R noch 2-mal 1 M abnehmen = 90 (96) M.
Halsausschnitt:
Nach 65 cm Grundmuster die mittleren 42 M abketten und beide Seiten getrennt beenden. Für die Rundung am Innenrand in jeder 2. R 2-mal 2 M und 1-mal 1 M abketten. Nach 67 cm (228 R) Grundmuster – das Teil endet nach 8 R Weinrot – die 19 (22) Schulter-M abketten.

Vorderteil:
Wie das Rückenteil arbeiten, jedoch für den V-Ausschnitt nach 42 cm Grundmuster die Arbeit in der Mitte teilen und beide Seiten getrennt beenden. Für die Schräge in jeder 3. R – oder abwechselnd in jeder 2. und folgenden 4. R – 26-mal 1 M wie folgt abnehmen: Am re Rand die 2 M nach der Rand-M re zus-str, am li Rand die 2 M vor der Rand-M re überzogen zus-str.

Fertigstellung

Die Teile nach dem Schnitt spannen und die Schulternähte schließen. Für die Ausschnittblende 191 M in Weinrot auffassen und 7 Rd re M str – dabei in der vorderen Mitte in jeder Rd 3-mal 3 M re überzogen zus-str, ab der 4. Rd diese M wieder zunehmen. Nach 7 Rd die M lose abketten, die Blende zur Hälfte nach links einschlagen und gegennähen. Für die Armausschnitte je 106 (120) M in Weinrot auffassen und die Blende str.

Rollrandmütze

Kopfumfang:

ca. 54 cm

Material

- *Schachenmayr-Wolle Universa + Merino (55% Schurwolle, 45% Polyacryl, Lauflänge ca. 125 m/50 g)*
  - 50 g in Marine Nr. 50
  - 50 g in Weiß Nr. 01
- *Nadelspiel Nr. 3,5–4*

Muster

Grundmuster:
In Runden re M str.

Streifenfolge:
30 Rd Marine, 16 Rd Weiß, 16 Rd Marine, dann in Weiß weiterstr.

Maschenprobe:
22 M und 30 R = 10 x 10 cm

Ausführung

120 M in Marine anschlagen, die M auf 4 Nadeln verteilen (je 30 M) und nach der Streifenfolge arbeiten. Für die Abnahmen nach 12 cm 8-mal jede 15. M kennzeichnen. In der folgenden Rd die gekennzeichneten M mit der vorhergehenden M re zus-str. Diese Abnahmen noch 3-mal in jeder 4. Rd, 4-mal in jeder 3. Rd, dann in jeder 2. Rd so oft wdh., bis nur noch 8 M übrig sind. Diese 8 M auf dem Endfaden zusammenziehen, dann vernähen.

Größe:

36–38 und 40–42
Die Angaben für Größe 40–42 stehen in Klammern. Ist nur eine Angabe gegeben, gilt diese für beide Größen.

Material

- *Schachenmayr-Wolle Favorit (35% Baumwolle, 35% Polyacryl, 30% Viskose, Lauflänge ca.135 m/50 g)*
  - 500 (550) g in Jeans Nr. 52
  - 50 g in Silber Nr. 90
- *Stricknadeln Nr. 3,5–4*
- *Sticknadel ohne Spitze*

Muster

Grundmuster:
M-Zahl teilbar durch 3 + 2 Rand-M. Alle Hin- und Rück-R = 1 Rand-M, * 2 M re, 1 M li, ab * stets wdh, enden mit 1 Rand-M.

Kragenmuster:
Glatt rechts = In Runden nur re M str. Für den Knoten werden zuerst Streifen gestrickt, anschließend werden die M nach dem Zählmuster nachgestickt.

Maschenprobe Grundmuster:
28 M und 32 R = 10 x 10 cm (leicht gedehnt gemessen!)

Maschenprobe glatt rechts:
22 M und 32 R = 10 x 10 cm

Ausführung

Rückenteil:
131 (143) M in Jeans anschlagen und im Grundmuster str.
Raglanschräge: Nach 26 (24) cm beidseitig 1-mal 6 (9) M abketten, dann in jeder 2. R 23 (25)-mal 1 M wie folgt abnehmen: Am re Rand die 2 M nach der Rand-M re überzogen zus-str, am li Rand die bei-

Kurzpullover mit Kragen

den letzten M vor der Rand-M re zus-str. Nach 40 cm die restlichen 73 (75) M abketten.

Vorderteil:
Wie das Rückenteil arbeiten, jedoch für den Halsausschnitt nach 35 cm die mittleren 25 (27) M abketten und beide Seiten getrennt beenden. Für die Rundung am Innenrand in jeder 2. R 1-mal 7 M, 1-mal 5 M, 1-mal 3 M, 2-mal 2 M und 2-mal 1 M abketten, dann die restlichen 3 M abketten.

Ärmel:
56 M anschlagen und im Grundmuster str.
Ärmelschräge:
Beidseitig in jeder 10. R 13-mal 1 M (abwechselnd in jeder 6. und folgenden 8. R 18-mal 1 M) zunehmen = 82 (92) M.
Raglanschräge:
Nach 43 (41) cm arbeiten, wie beim Rückenteil beschrieben, dann die restlichen 24 M abketten.

Fertigstellung

Die Teile nach dem Schnitt spannen und die Nähte schließen. Für den Kragen von der linken Pulloverseite aus 192 (200) M in Jeans auffassen und 3 Rd re M, dann 5 Rd li M str. Die Streifen wie folgt str: 10 Rd Silber, 3 Rd Jeans, 6 Rd Silber, 3 Rd Jeans, 10 Rd Silber – dabei in der 3. Rd 24 (25)-mal nach jeder 8. M 1 M aus dem Querfaden verschränkt zunehmen = 216 (225) M, in der 27. Rd 24-mal nach jeder 9. M 1 M aus dem Querfaden verschränkt zunehmen = 240 (249) M. Die Abschlusskante in Jeans wie folgt str: 1 Rd re M, 5 Rd Grundmuster, dann die M locker abketten. Den Knoten nach dem Zählmuster auf die linke Kragenhälfte sticken – dabei die M in Silber und in Jeans nachsticken. Die linken M an der oberen Kragenkante von der linken Seite gegeneinander nähen.
So entsteht eine kleine Rollkante und der Ausschnitt lässt sich auf diese Weise auf die gewünschte Weite einhalten.

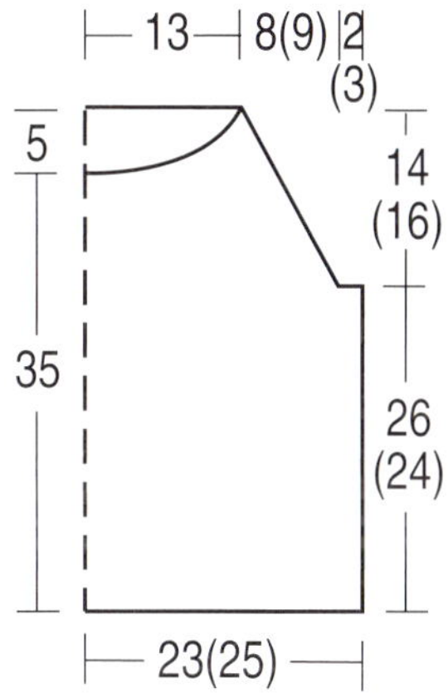

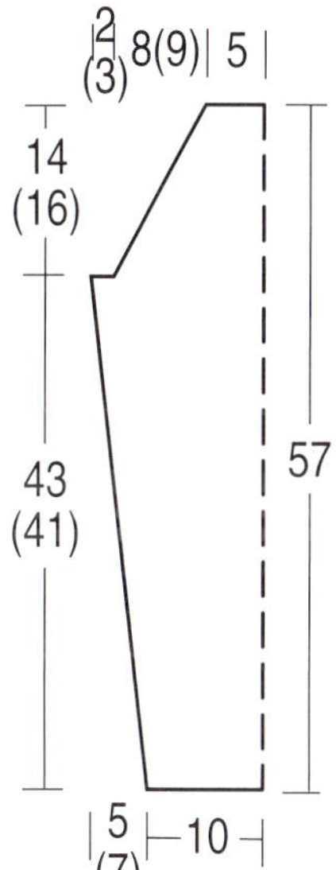

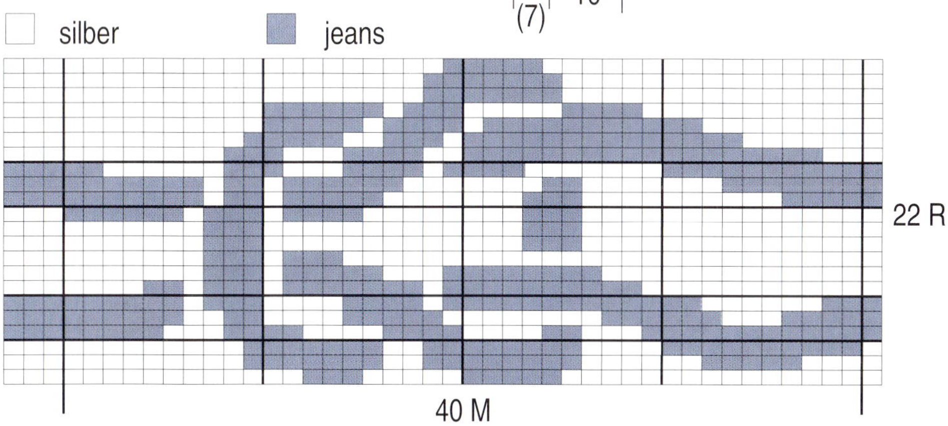

Matrosenjacke mit Stickmotiv

Größe:

36–38 und 40–42
Die Angaben für Größe 40–42 stehen in Klammern. Ist nur eine Angabe vorhanden, gilt diese für beide Größen.

Material

- *Schachenmayr-Wolle Favorit (35% Baumwolle, 35% Polyacryl, 30% Viskose, Lauflänge ca.135 m/50 g)*
  - *550 (600) g in Weiß Nr. 01*
  - *100 g in Marine Nr. 50*
- *Stricknadeln Nr. 3,5–4*
- *35 cm langer, teilbarer Opti-Reißverschluss Art. 4802, Fb 210*

Für das Stickmotiv:

- *ca. 15 x 15 cm große Reste*
  - *Organza*
  - *Haftvlies*
  - *weiße Baumwolle als Motivträger*
- *Anchor Sticktwist in Hochrot Nr. 46 und Marineblau Nr.127*
- *rotes Maschinenstickgarn*
- *Sticknadel*

Muster

Bundmuster:
5 R Krausrippen (= Hin- und Rück-R re M str) Marine, * 6 R glatt re Weiß, 6 R Krausrippen Marine, ab * 1-mal wdh. = 29 R
Grundmuster:
Glatt rechts = Hin-R re M und Rück-R li M str.
Maschenprobe:
22 M und 32 R = 10 x 10 cm

Ausführung

Rückenteil:
112 (122) M in Marine anschlagen

und die 29 R Bundmuster str, dann im Grundmuster in Weiß weiterarbeiten.
Armausschnitte:
Nach 36 (35) cm beidseitig in jeder 2. R 1-mal 4 M, 2-mal 2 M und 3-mal 1 M abnehmen = 90 (100) M.
Halsausschnitt:
Nach 56 cm die mittleren 22 M abketten und beide Seiten getrennt beenden. Für die Rundung am Innenrand in jeder 2. R 1-mal 2 M und 2-mal 1 M abketten. Gleichzeitig für die Schulterschräge 3-mal 10 M (2-mal 12 und 1-mal 11 M) abketten.

Linkes Vorderteil:
Für das linke Vorderteil 57 (62) M in Marine anschlagen und die 29 R Bundmuster str, dann im Grundmuster in Weiß weiterarbeiten. Den Armausschnitt und die Schulterschräge am re Rand arbeiten wie beim Rückenteil beschrieben.
Matrosenkragen:
Glatt links str. Nach 36 cm mit 3 li M am linken Rand enden und in jeder 4. R vor den letzten 2 M 15-mal 1 M aus dem Querfaden links verschränkt zunehmen. Gleichzeitig für die Schräge **innerhalb** des Vorderteils in jeder 4. R das Kragenmuster (= glatt li) 13-mal um 1 M in das Grundmuster versetzen. Nach 58 cm Gesamtlänge die 31 Kragen-M stillegen.

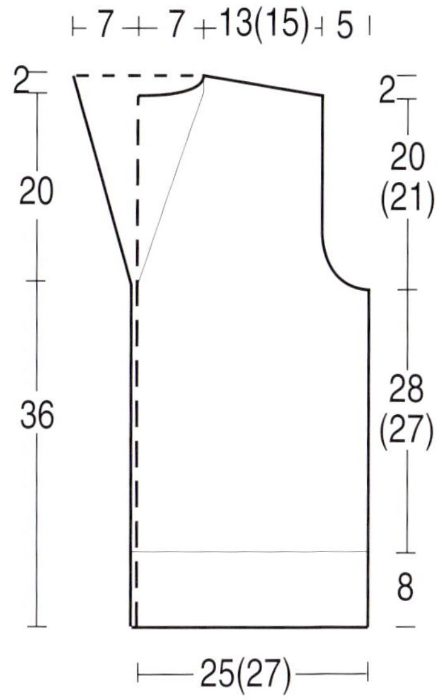

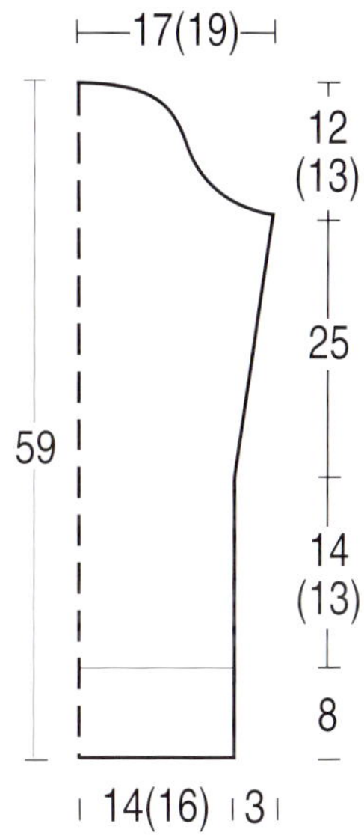

Rechtes Vorderteil:
Gegengleich arbeiten.

Ärmel:
62 (72) M in Marine anschlagen und die 29 R Bundmuster str, dann im Grundmuster in Weiß weiterarbeiten.

Ärmelschräge:
Nach 22 (21) cm Gesamtlänge beidseitig 1-mal 1 M, in jeder 10. R noch 7-mal 1 M zunehmen = 78 (88) M.

Armkugel:
Nach 47 (46) cm beidseitig in jeder 2. R 1-mal 5 (6) M, 1-mal 3 (4) M, 2-mal 2 M, 12 (14)-mal 1 M, 2-mal 2 M und 1-mal 4 M, dann die restlichen 14 (16) M abketten.

Fertigstellung

Die Teile nach dem Schnitt spannen und die Schulternähte schließen. Für den Kragen aus dem hinteren Halsausschnitt 36 M auffassen, die stillgelegten Kragen-M in Arbeit nehmen und über alle 98 M im Grundmuster str. Nach 12 cm noch 6 R Krausrippen in Marine str, dann die M abketten. Die anderen Nähte schließen. Aus den Jackenkanten je 156 M in Marine auffassen. Achtung! Ab Kragenansatz die Auffasskante wechseln und 5 R Krausrippen str, dann die M abketten. Den Reißverschluss bis zum Kragenansatz einnähen. Das Stickmotiv eventl. vergrößern (Kopierer), dann auf Organza übertragen und mit untergelegtem Haftvlies auf den Baumwollstoff dämpfen. Das Motiv im Platt- und Stielstich aussticken. Die Umrandung mit dem roten Maschinenstickgarn im geschlossenen Zickzackstich arbeiten, dann den überstehenden Stoff knapp entlang der Naht abschneiden. Die Stickerei von links auf einer weichen Unterlage dämpfen, dann auf die linke Jackenseite nähen.

Jungenpullover mit blauer Passe

Größe:

98–104 cm

Material

- *Schachenmayr-Wolle Favorit (35% Baumwolle, 35% Polyacryl, 30% Viskose, Lauflänge ca. 135 m/50 g),*
  - 150 g in Marine Nr. 50
  - 100 g in Weiß Nr. 01
  - 50 g in Rot Nr. 30
- *50 cm lange Rundstricknadeln für den Rollrand Nr. 3,5 und für das Grundmuster Nr. 4*

Muster

Rollrand:
5 R glatt li in Marine = Rück-R re M, Hin-R li M str.

Blende:
2 M re, 2 M li im Wechsel str.

Streifenmuster:
M-Zahl teilbar durch 4 + 2 Rand-M. **1. R = Hin-R:** 1 Rand-M, * 2 re M in Marine, 2 re M in Weiß, ab * stets wdh, enden mit 1 Rand-M. **Alle Rück-R:** Die weißen M der Vor-R re str, die marineblauen M der Vor-R li str. In allen **folgenden Hin-R** die M str wie sie erscheinen.

Grundmuster:
Glatt re str = Hin-R re M und Rück-R li M str.

Jacquardmuster:
M-Zahl teilbar durch 16 + 1+ 2 Rand-M. Nach dem Zählmuster str. Bei aufeinanderfolgenden Hin- und Rück-R die Arbeit nicht wenden, sondern die M auf der Rundstricknadel an das andere Ende ziehen.

(Die Anleitung für den Mädchenpullover finden Sie auf Seite 24.)

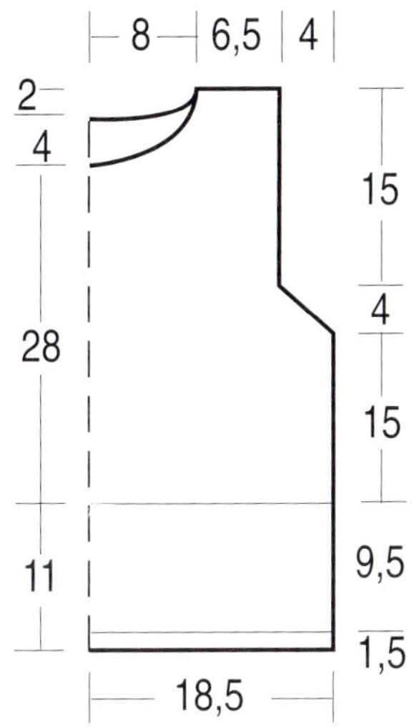

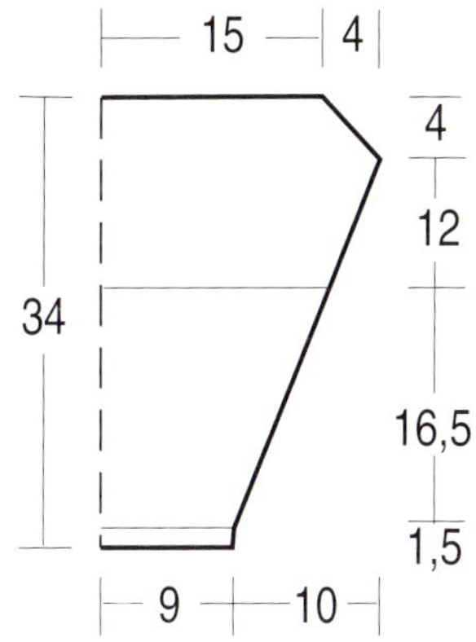

Maschenprobe:
22 M und 31 R = 10 x 10 cm

Ausführung

Rückenteil:
82 M in Marine anschlagen und die Rollkante str, dann mit Nadel Nr. 4 das Streifenmuster str. Nach 9,5 cm ab Rollkante mit dem Jacquardmuster beginnen – dabei in der 1. R 1 M zunehmen = 83 M.
Aufteilung: 1 Rand-M, 5-mal den Musterrapport, 1 M nach dem Rapport, 1 Rand-M.
Armausschnitte:
Nach 26 cm Gesamtlänge beidseitig in jeder 2. R abwechselnd * 1-mal 2 M und 1-mal 1 M abnehmen, ab * 2mal wdh = 65 M. Nach 68 R Jacquardmuster das Teil in Marine glatt re weiterarbeiten.
Halsausschnitt:
Nach 43 cm Gesamtlänge die mittleren 25 M abketten und beide Seiten getrennt beenden. Für die Rundung am Innenrand in jeder 2. R 1-mal 3 M und 1-mal 2 M abketten. Nach 45 cm die 15 Schulter-M abketten.

Vorderteil:
Wie das Rückenteil arbeiten, jedoch für den Halsausschnitt nach 39 cm Gesamtlänge die mittleren 9 M abketten und beide Seiten getrennt beenden. Für die Rundung am Innenrand in jeder 2. R 2-mal 3 M, 2-mal 2 M und 3-mal 1 M abnehmen. Nach 45 cm die 15 Schulter-M abketten.

Ärmel:
42 M in Marine anschlagen und die Rollkante str, dann mit Nadel Nr. 4 das Streifenmuster str.
Musterfolge:
16,5 cm Streifenmuster, 1-mal die 1. – 16. R des Zählmusters – dabei in der 1. R 1 M zunehmen und das Muster von der Mitte aus aufteilen, anschließend den Ärmel gestreift = je 3 R in Weiß und Rot beenden.
Ärmelschräge:
Beidseitig in der 5. R ab Rollkante, dann in jeder folgenden 4. R 20-mal 1 M zunehmen = 85 M. Nach ca. 30 cm die obere Ärmelschräge arbeiten, wie beim Rückenteil beschrieben, dann die restlichen 67 M abketten.

Fertigstellung

Die Teile nach dem Schnitt spannen, anfeuchten und trocknen lassen. Die Nähte schließen und die Ärmel einsetzen. Aus dem Halsausschnitt in Marine 88 M auffassen, 1 Rd li M, dann im Blendenmuster in Streifen str: je 2 Rd in Marine, Weiß, Rot, Weiß und Marine. Die M abketten wie sie erscheinen.

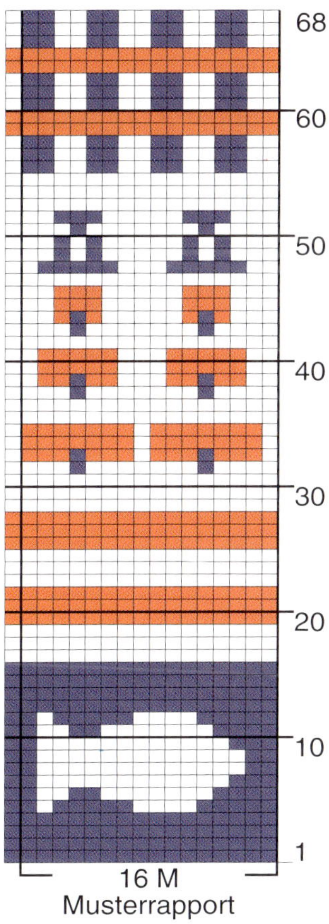

Mädchenpullover im Streifenmuster

Größe:

98–104 cm

Material

- *Schachenmayr-Wolle Favorit (35% Baumwolle, 35% Polyacryl, 30% Viskose, Lauflänge ca. 135 m/50 g)*
  - *150 g in Weiß Nr. 01*
  - *100 g in Marine Nr. 50*
  - *100 g in Türkis Nr. 60*
  - *50 g in Rot Nr. 30*
- *Rundstricknadeln Nr. 4, für den Rollrand Nr. 3,5*

Muster

Rollrand:
5 R glatt li in Marine = Rück-R re M, Hin-R li M str.

Blende:
2 M re, 2 M li im Wechsel str.

Streifenmuster:
M-Zahl teilbar durch 4 + 2 Rand-M. **1. R = Hin-R:** 1 Rand-M, * 2 re M in Marine, 2 re M in Weiß, ab * stets wdh, enden mit 1 Rand-M. **Alle Rück-R:** Die weißen M der Vor-R re str, die marineblauen M der Vor-R li str. In allen **folgenden Hin-R** die M str wie sie erscheinen.

Grundmuster:
Glatt re str. = Hin-R re M und Rück-R li M str.

Jacquardmuster:
M-Zahl teilbar durch 16 + 4 + 2 Rand-M. Nach dem Zählmuster str. Bei Farbwechsel in der Rück-R die Arbeit nicht wenden, sondern die M auf der Rundstricknadel an das andere Ende ziehen und weiter re str.

Maschenprobe:
22 M und 31 R = 10 x 10 cm

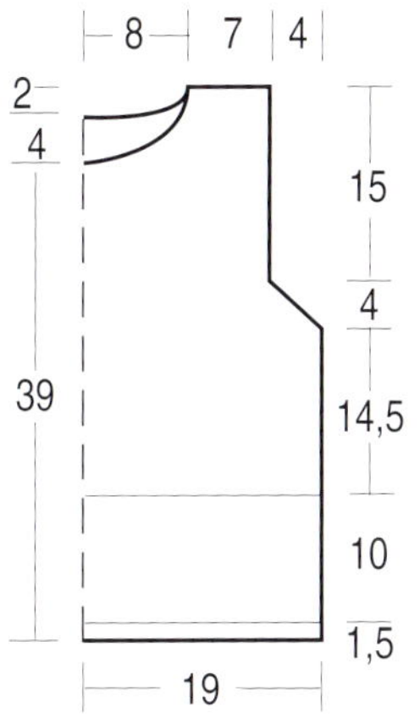

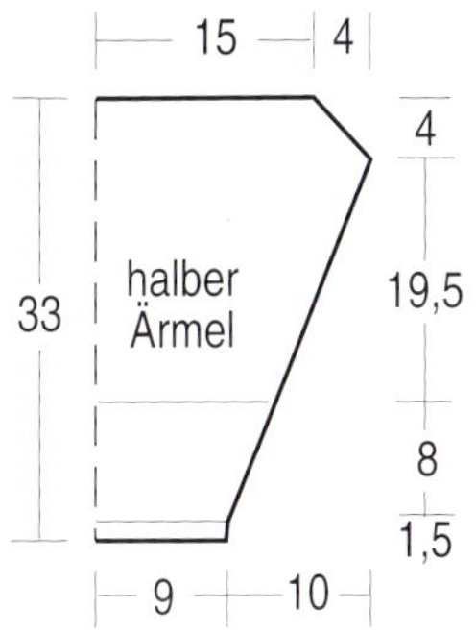

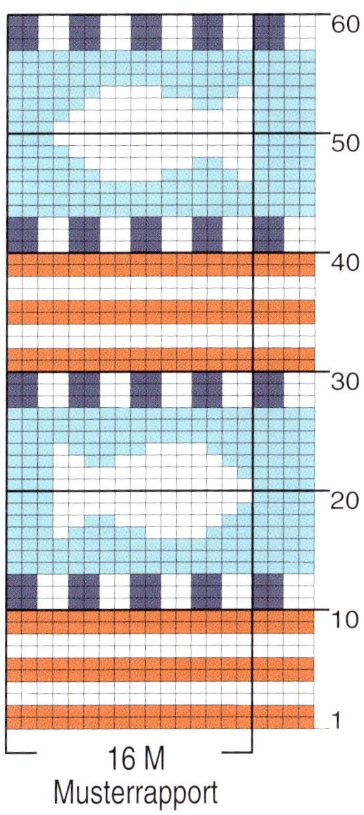

Ausführung

Rückenteil:
86 M in Marine anschlagen und die Rollkante str, dann mit Nadel Nr. 4 das Streifenmuster str. Nach 10 cm ab Rollkante mit dem Jacquardmuster beginnen: 1 Rand-M, 4 M vor dem Rapport, 5-mal den Musterrapport, 1 Rand-M.
Armausschnitte:
Nach 26 cm Gesamtlänge beidseitig in jeder 2. R abwechselnd * 1-mal 2 M und 1-mal 1 M abnehmen, ab * 2mal wdh = 68 M.
Halsausschnitt:
Nach 43 cm Gesamtlänge die mittleren 26 M abketten und beide Seiten getrennt beenden. Für die Rundung am Innenrand in jeder 2. R 1-mal 3 M und 1-mal 2 M abketten. Nach 45 cm die 16 Schulter-M abketten.

Vorderteil:
Wie das Rückenteil arbeiten, jedoch für den Halsausschnitt nach 39 cm Gesamtlänge die mittleren 10 M abketten und beide Seiten getrennt beenden. Für die Rundung am Innenrand in jeder 2. R 2-mal 3 M, 2-mal 2 M und 3-mal 1 M abnehmen. Nach 45 cm die 16 Schulter-M abketten.

Ärmel:
42 M in Marine anschlagen und die Rollkante str, dann mit Nadel Nr. 4 das Streifenmuster str.
Musterfolge:
8 cm Streifenmuster, dann nach dem Zählmuster weiterarbeiten – dabei die M von der Mitte aus aufteilen.
Ärmelschräge:
Beidseitig in jeder 4. R 22-mal 1 M zunehmen = 86 M.
Nach ca. 30 cm die obere Ärmelschräge arbeiten, wie beim Rückenteil beschrieben, dann die restlichen 68 M abketten.

Fertigstellung

Die Teile nach dem Schnitt spannen, anfeuchten und trocknen lassen. Die Nähte schließen und die Ärmel einsetzen.
Aus dem Halsausschnitt in Marine 88 M auffassen, 1 Rd li M, dann im Blendenmuster in Streifen str: je 2 Rd in Marine, Weiß, Marine, Weiß und Marine. Die M abketten wie sie erscheinen.

Kapuzenpullover

Größe:

40–42 und 44–46
Die Angaben für Größe 44–46 stehen in Klammern. Ist nur eine Angabe vorhanden, gilt diese für beide Größen.

Material

- *Schachenmayr-Wolle Blue Jeans (100% Baumwolle, Lauflänge ca. 125 m/50 g) - 750 (850) g in Blue Nr. 51*
- *Stricknadeln Nr. 3 und 4*

Muster

Saum:
Glatt rechts mit Nadel Nr. 3 = Rück-R li M und Hin-R re M str.

Grundmuster:
Glatt rechts mit Nadel Nr. 4 str.

Maschenprobe:
25 M und 33 R = 10 x 10 cm

Ausführung

Rückenteil:
132 (142) M anschlagen und 2 cm Saum mit Nadel Nr. 3, dann im Grundmuster gerade hochstr.
Armausschnitt:
Nach 43 (41) cm Grundmuster beidseitig 1-mal 8 M abketten = 116 (126) M.
Halsausschnitt:
Nach 68 cm die mittleren 30 M abketten und beide Seiten getrennt beenden. Für die Rundung in jeder 2. R 2-mal 2 M und 1-mal 1 M abketten. Nach 70 cm die 38 (43) Schulter-M abketten.

Vorderteil:
Wie das Rückenteil arbeiten, jedoch für den Kordeldurchzug nach 3 cm die 2 M vor der Mitte re überzogen zus-str, 2 Umschläge arbeiten, nach der Mitte 2 M re zus-str. Den Umschlag in der Rück-R 1-mal li und 1-mal li verschränkt abstr.
Tasche: Nach 5 cm über die mittleren 86 M str, die anderen M beidseitig stillegen. Nach 5 cm Taschenhöhe beidseitig die 6. M als li M str. Für die Schräge beidseitig 12-mal in jeder 2. R, dann noch 5-mal in jeder 4. R 1 M wie folgt abnehmen: Am R-Anfang die 2 M nach der li M re zus-str, an R-Ende die letzten 2 M vor der li M re überzogen zus-str. Nach ca. 20 cm Taschenhöhe die restlichen 52 M stillegen. Für das Vorderteil aus der 1. Taschen-R 86 M auffassen und über alle 132 (142) M 20 cm gerade hochstr, dann die Taschen-M mittig einfügen; Taschen- und Pullover-M zus-str, dann über alle 132 (142) M weiter im Grundmuster arbeiten. Nach 54 cm für den Kordeldurchzug der Kapuze ein Loch arbeiten, wie zu Anfang beschrieben.
Ausschnittschlitz: Nach 55 cm die Arbeit in der Mitte teilen und beide Seiten = 58 (63) M getrennt beenden. Die 6. M am Ausschnittschlitz als li M str. Für die Schräge vor bzw. nach dieser M in jeder 4. R 11-mal 1 M zunehmen = 69 (74) M. Nach 70 cm 38 (43) Schulter-M abketten, die restlichen 31 M stilllegen.

Ärmel:
72 M anschlagen und 2 cm Saum, dann im Grundmuster str.
Ärmelschräge:
Beidseitig in jeder 8. R 8-mal 1 M, in jeder 6. R 8-mal 1 M und in jeder 4. R 9-mal 1 M (in jeder 6. R 15-mal 1 M, in jeder 4. R 15-mal 1 M) zunehmen = 122 (132) M. Nach 55 cm alle M abketten.

Fertigstellung

Die Teile nach dem Schnitt spannen und die Schulternähte schließen. Für die Kapuze die stillgelegten M in Arbeit nehmen, zusätzlich aus dem hinteren Halsausschnitt 42 M auffassen und über alle 104 M im Grundmuster str – dabei beidseitig am Kapuzenrand die 6. M als li M str. Für die Schräge in der hinteren Mitte die mittleren 4 M kennzeichnen. Beidseitig davon in jeder 6. R 8-mal 1 M zunehmen = 120 M. Für die Abnahmen nach 25 cm in jeder 2. R beidseitig der gekennzeichneten M 5-mal 1 M und 5-mal 2 M abnehmen. Nach ca. 30 cm die restlichen 90 M im Strickstich miteinander verbinden. Die Nähte schließen und die Ärmel zeichengemäß einsetzen, dabei die Armausschnitte auf Ärmelweite einhalten. Die Säume nach links einschlagen und gegennähen. Die Taschenkanten 5 cm schließen. Die Rollkanten an Kapuze und Tasche von links gegen die rechte M nähen.
Aus 3 ca. 3,20 m langen Fäden eine 1,10 m lange Kordel drehen und diese durch die Kapuzenkante ziehen. Eine zweite Kordel durch den Pulloversaum ziehen.

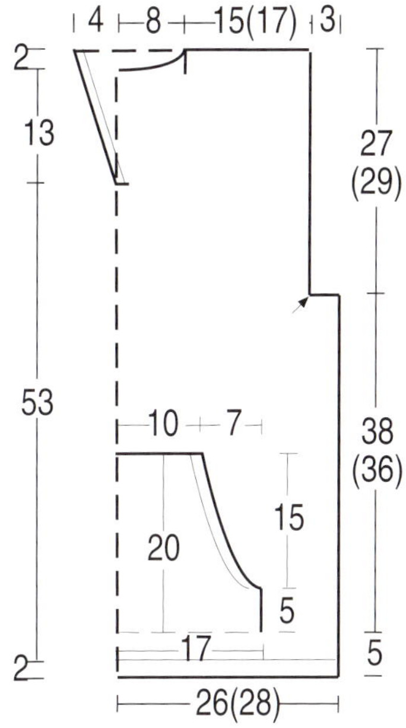

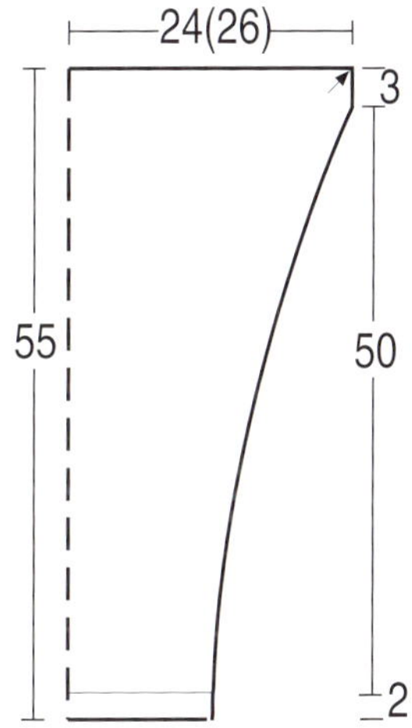

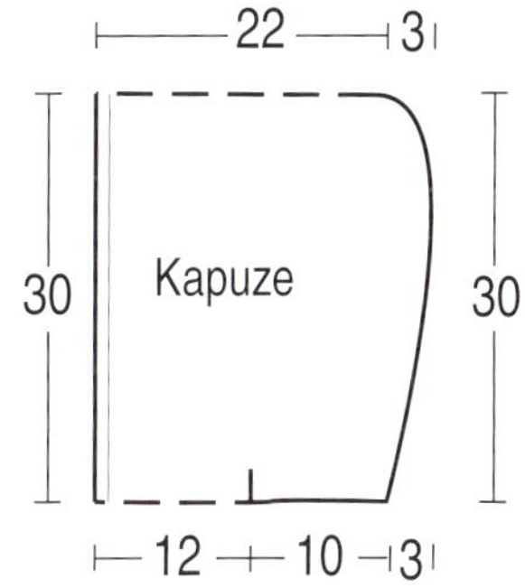

Jungenpullover mit Rettungsring

Größe:

110–116 cm und 122–128 cm
Die Angaben für Größe 122–128 cm stehen in Klammern. Ist nur eine Angabe vorhanden, gilt diese für beide Größen.

Material

- *Schachenmayr-Wolle Favorit (35% Baumwolle, 35% Polyacryl, 30% Viskose, Lauflänge ca. 135 m/50 g)*
  - *250 g in Marine Nr. 50*
  - *100 g in Weiß Nr. 01*
  - *50 g in Rot Nr. 30*
  - *50 g in Kürbis Nr. 28*
- *Stricknadeln Nr. 3,5–4*
- *Sticknadel ohne Spitze*

Muster

Bundmuster:
2 M re, 2 M li im Wechsel str.

Grundmuster:
Glatt re str. = Hin-R re M und Rück-R li M str. Den Rettungsring nach dem Zählmuster einstricken. Man arbeitet mit mehreren Knäueln in einer R, die Farben auf der Rückseite der Arbeit stets verkreuzen. Die kleineren Flächen wie Name und Anker werden nachträglich im Maschenstich aufgestickt, evt. auch den gelben Außenring aufsticken.

Maschenprobe:
22–23 M und 32 R = 10 x 10 cm

Ausführung

Rückenteil:
96 (104) M in Marine anschlagen und 3 cm Bundmuster str. Für das Grundmuster 1 M zunehmen und über 97 (105) M zunächst 4 R in

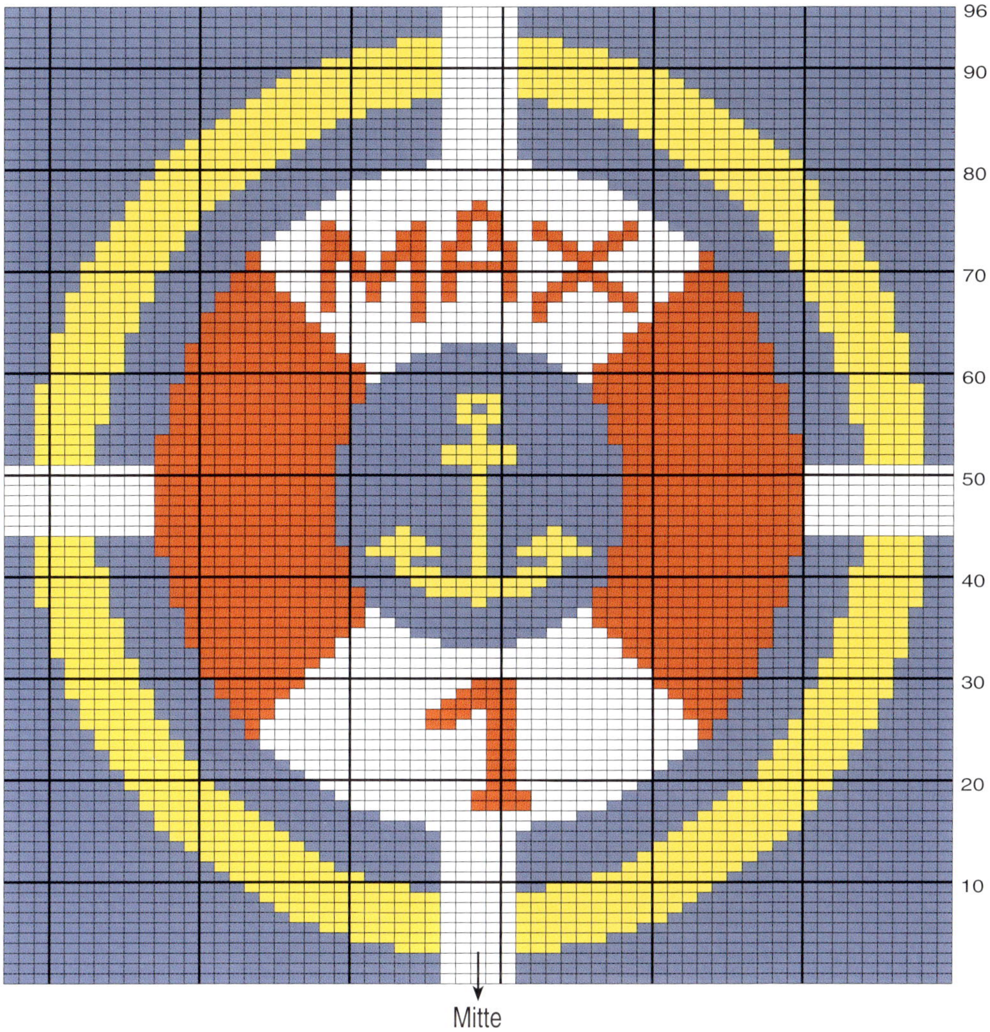

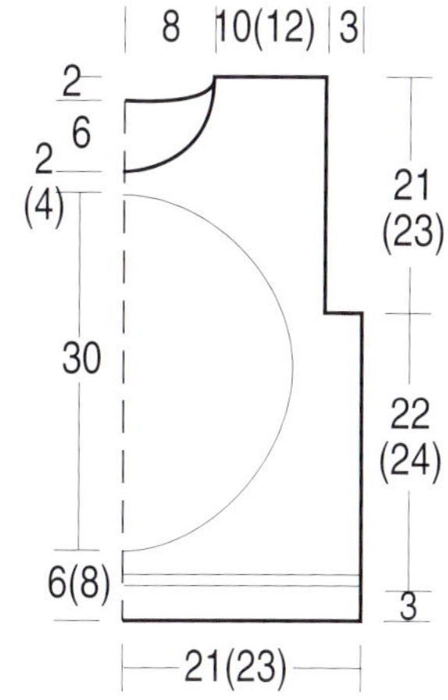

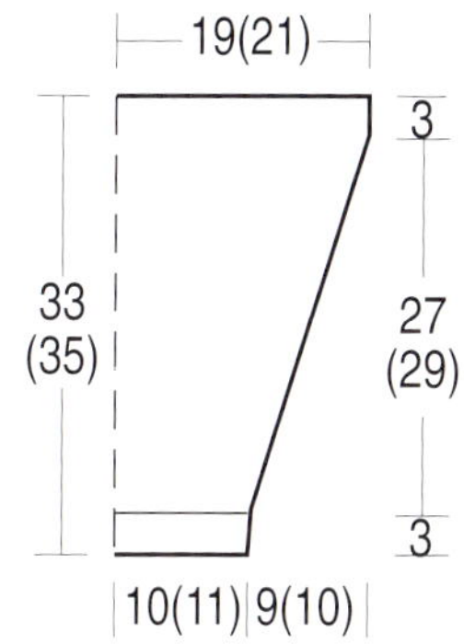

Weiß str, dann das Teil in Marine weiterarbeiten.
Armausschnitte:
Nach 22 (24) cm Grundmuster beidseitig 1-mal 7 M abketten = 83 (91) M.
Halsausschnitt:
Nach 44 (48) cm die mittleren 27 M abketten und beide Seiten getrennt beenden. Für die Rundung am Innenrand in jeder 2. R 2-mal 2 M und 1-mal 1 M abketten. Nach 46 (50) cm die 23 (27) Schulter-M abketten.

Vorderteil:
Wie das Rückenteil arbeiten, jedoch das Motiv nach 10 (16) R Grundmuster nach dem Zählmuster einstr.
Halsausschnitt:
Nach 38 (42) cm die mittleren 11 M abketten und beide Seiten getrennt beenden. Für die Rundung am Innenrand in jeder 2. R 1-mal 3 M, 2-mal 2 M und 4-mal 1 M abnehmen, dann in jeder 4. R noch 2-mal 1 M abnehmen. Nach 46 (50) cm die 23 (27) Schulter-M abketten.

Ärmel:
46 (50) M in Marine anschlagen und 3 cm Bundmuster str. Das Grundmuster in folgender Streifenfolge arbeiten: je 4 R in Weiß und 8 R in Marine.
Ärmelschräge:
Beidseitig in jeder 4. R 20 (23)-mal 1 M zunehmen = 86 (96) M.
Nach ca. 30 (32) cm endet der Ärmel in Marine oder nach 4 R in Weiß.

Fertigstellung

Das Vorderteil im Maschenstich besticken. Die Teile nach dem Schnitt spannen und die Nähte schließen. Beim Einnähen der Ärmel die Armausschnitte auf Ärmelweite einhalten. Aus dem Halsausschnitt 82 M (M-Zahl teilbar durch 4) in Marine auffassen und 4 Rd glatt re in Weiß str, noch 1 Rd re M in Marine, dann im Bundmuster 5 cm in Marine str. Die M lose abketten, die Blende zur Hälfte nach links einschlagen und gegen die Auffasskante nähen.

Mädchenpullover mit Goldfischen

Größe:

98 –104 cm und 110–116 cm
Die Angaben für Größe 110–116 cm stehen in Klammern. Ist nur eine Angabe vorhanden, gilt diese für beide Größen.

Material

- *Schachenmayr-Wolle Favorit (35% Baumwolle, 35% Polyacryl, 30% Viskose, Lauflänge ca. 135 m/50 g)*
  - *200 g in Weiß Nr. 01*
  - *100 g in Marine Nr. 50*
  - *50 g in Rot Nr. 30*
  - *50 g in Kürbis Nr. 28*
- *Stricknadeln Nr. 3,5–4*
- *Sticknadel ohne Spitze*

Muster

Rollkante:
5 R glatt li in Rot, 1 Hin-R re M in Kürbis und 5 R glatt li ebenfalls in Kürbis str. Glatt li str = in den Rück-R re M, in den Hin-R li M str.

Grundmuster:
Glatt re str = Hin-R re M und Rück-R li M str. Die Fische im Maschenstich nach dem Zählmuster auf das Vorderteil sticken.

Streifenfolge Pullover:
* 4 R Weiß, 2 R Marine, ab * stets wdh.

Streifenfolge Ärmel:
* 6 R Weiß, 6 R Marine, ab * stets wdh.

Maschenprobe:
22–23 M und 32 R = 10 x 10 cm

Ausführung

Rückenteil:
87 (97) M in Rot anschlagen und die Rollkante str. Im Grundmuster in der Streifenfolge 24 (30) R str,

anschließend 18 (19) cm = 58 (60) R in Weiß str, dann weiter nach der Streifenfolge str.
Armausschnitte:
Nach 20 (22) cm Grundmuster beidseitig 1-mal 7 M abketten = 73 (83) M.
Halsausschnitt:
Nach 40 (44) cm die mittleren 21 M abketten und beide Seiten getrennt beenden. Für die Rundung am Innenrand in jeder 2. R 2-mal 2 M und 1-mal 1 M abketten. Nach 42 (46) cm die 21 (26) Schulter-M abketten.

Vorderteil:
Wie das Rückenteil arbeiten, jedoch für den Halsausschnitt nach 35 (39) cm die mittleren 9 M abketten und beide Seiten getrennt beenden. Für die Rundung am Innenrand in jeder 2. R 1-mal 3 M, 1-mal 2 M und 4-mal 1 M abnehmen, dann in jeder 4. R noch 2-mal 1 M abnehmen. Nach 42 (46) cm die 21 (26) Schulter-M abketten.

Ärmel:
42 (47) M in Rot anschlagen und die Rollkante str. Im Grundmuster in der Streifenfolge weiterstr.

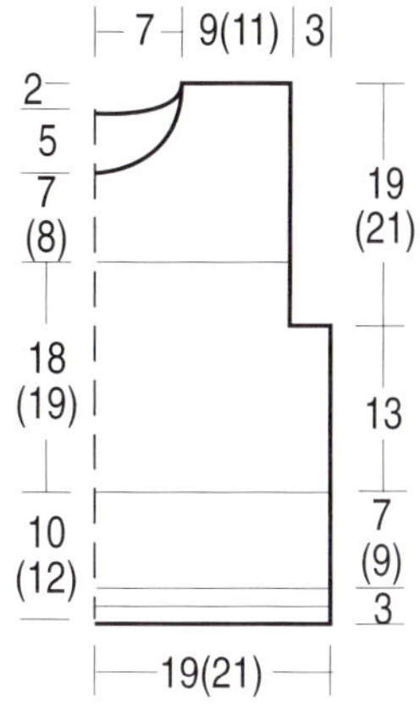

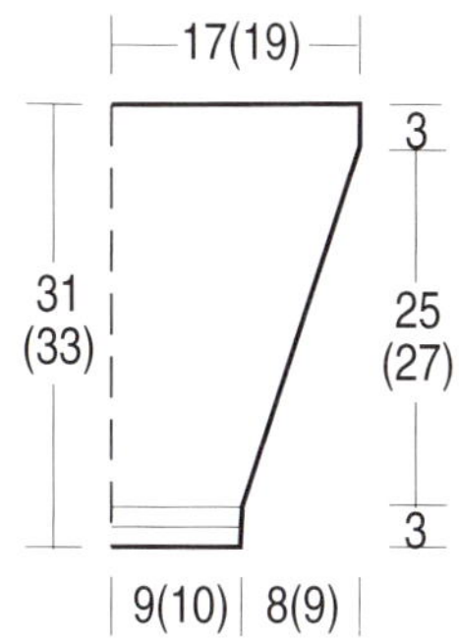

Ärmelschräge: Beidseitig in jeder 4. R 18 (20)-mal 1 M zunehmen = 78 (87) M. Nach ca. 31 (33) cm Gesamtlänge endet der Ärmel mit 6 R Marine oder 6 R Weiß.

Fertigstellung

Die Fische im Maschenstich auf das Vorderteil sticken. Die Teile nach dem Schnitt spannen und die Nähte schließen. Beim Einnähen der Ärmel die Armausschnitte auf Ärmelweite einhalten. Aus dem Halsausschnitt 82 M in Rot auffassen und 5 Rd glatt li str, in Kürbis noch 1 Rd re M und 5 Rd glatt li str, dann die M locker abketten. Alle Rollkanten evt. von links gegennähen.

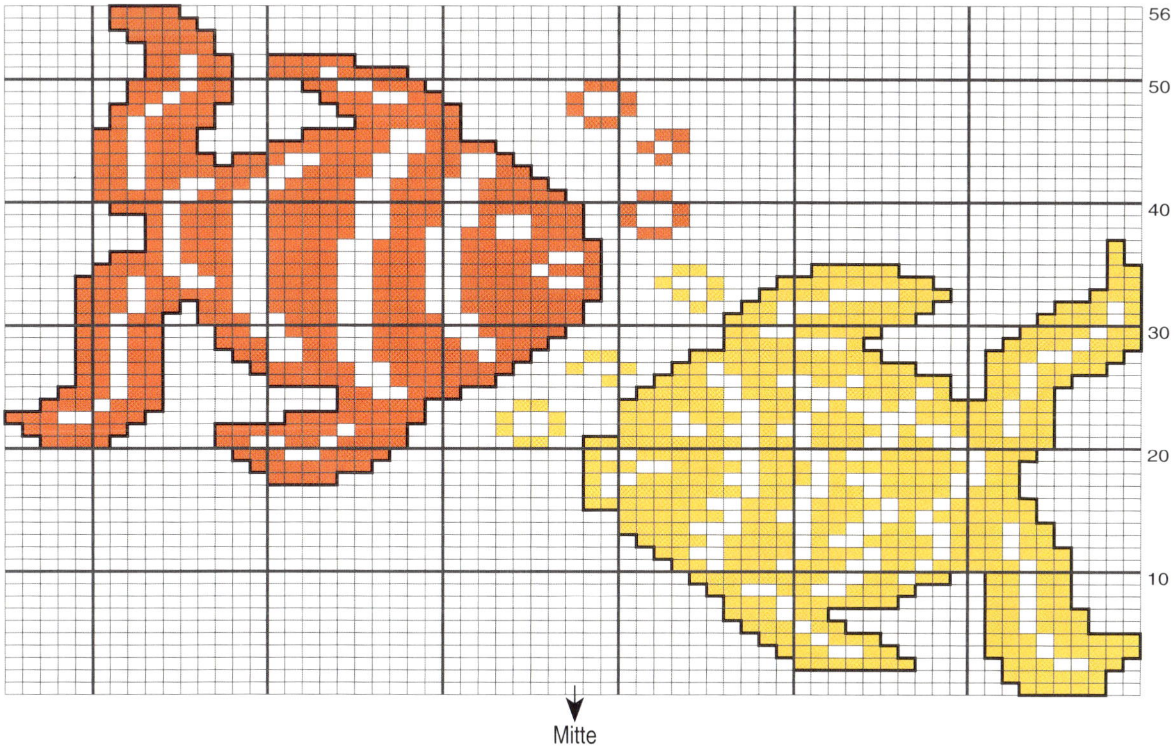

Pullover mit Segelschiff

Größe:

40–42 und 44–46
Die Angaben für Größe 44–46 stehen in Klammern. Ist nur eine Angabe vorhanden, gilt diese für beide Größen.

Material

- *Schachenmayr-Wolle Extra (100% Schurwolle, Lauflänge ca.125 m/50 g)*
  - *550 (600) g in Admiral Nr. 3553*
  - *50 g in Weiß Nr. 3524*
  - *50 g in Feuer Nr. 3519*
  - *50 g in Hellblau Nr. 3611*
- *Stricknadeln Nr. 3,5–4*
- *Sticknadel ohne Spitze*

Muster

Bundmuster:
Alle Rück-R 1 M re, 1 M li im Wechsel str. Alle Hin-R re M str.

Bundmuster-Streifenfolge:
3 R Feuer, je 4 R Admiral, Weiß, Feuer = 15 R

Grundmuster:
Glatt re str. = Hin-R re M und Rück-R li M str. Das Segelschiff und den Rahmen nach dem Zählmuster einstricken. Man arbeitet mit mehreren Knäueln in einer R. Beim Farbwechsel die Fäden auf der Rückseite der Arbeit stets verkreuzen. Die kleineren Flächen werden nachträglich im Maschenstich aufgestickt, die Leinen und die Möwen im Stielstich aufsticken.

Maschenprobe:
22 M und 30 R = 10 x 10 cm

Ausführung

Rückenteil:
125 (135) M in Feuer anschlagen und 15 R Bundmuster nach der

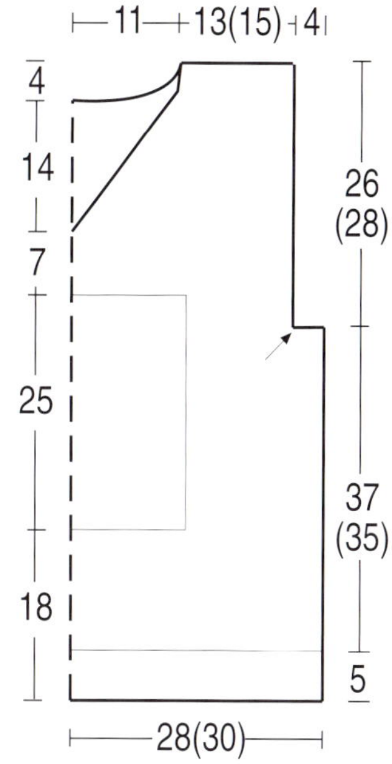

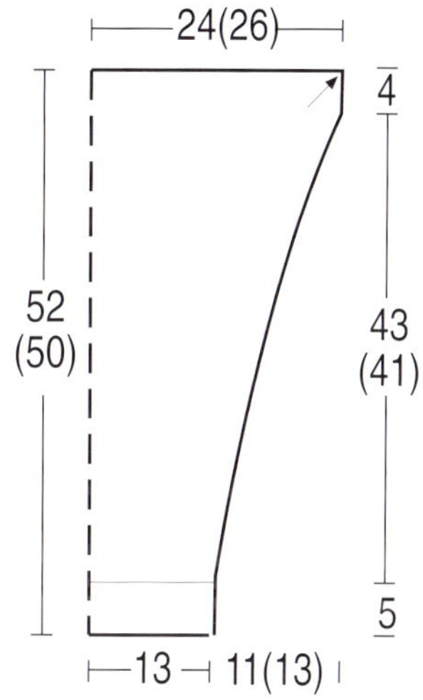

Streifenfolge str. Das Grundmuster in Admiral arbeiten.
Armausschnitte:
Nach 37 (35) cm Grundmuster beidseitig 1-mal 9 M abketten = 107 (117) M.
Halsausschnitt:
Nach 64 cm die mittleren 31 M abketten und beide Seiten getrennt beenden. Für die Rundung am Innenrand in jeder 2. R 1-mal 3 M, 2-mal 2 M und 2-mal 1 M abketten. Nach 68 cm die 29 (34) Schulter-M abketten.

Vorderteil:
Wie das Rückenteil arbeiten, jedoch das Motiv nach 18 cm Gesamtlänge nach dem Zählmuster einstr.
Halsausschnitt:
Nach 50 cm Gesamtlänge die Mittel-M abketten und beide Seiten getrennt beenden. Für die Schräge am Innenrand in jeder 2. R 24-mal 1 M wie folgt abnehmen: Am R-Anfang nach der Rand-M 2 M re zus-str, am R-Ende die 2 M vor der Rand-M re überzogen zus-str.

Ärmel:
58 M in Feuer anschlagen und 15 R Bundmuster nach der Streifenfolge str. Das Grundmuster in Admiral arbeiten.
Ärmelschräge:
Beidseitig in jeder 6. R 14 (0)-mal 1 M, in jeder 4. R 10 (29)-mal 1 M zunehmen = 106 (116) M. Nach 52 (50) cm Gesamtlänge die M abketten.

Fertigstellung

Das Vorderteil im Maschen- und Stielstich besticken. Die Teile nach dem Schnitt spannen, evt. von der linken Strickseite dämpfen und die Nähte schließen. Beim Einnähen der Ärmel die Armausschnitte auf Ärmelweite einhalten. Aus dem Halsausschnitt ab vordere Mitte 140 M in Feuer auffassen und 15 R Bundmuster nach der Streifenfolge str. In der Abkett-R am hinteren Halsausschnitt jede 3. und 4. M zus-str. Die Blendenschmalseiten rechts über links in den Halsausschnitt nähen.

Rippenpullover

Größe:

36–38 und 40–42
Die Angaben für Größe 40–42 stehen in Klammern. Ist nur eine Angabe vorhanden, gilt diese für beide Größen.

Material

- *Schachenmayr-Wolle Universa + Merino (55% Schurwolle, 45% Polyacryl, Lauflänge ca. 125 m/50 g) - 650 (750) g in Rauchblau Nr. 54*
- *60 cm lange Rundstricknadel Nr. 3,5–4*
- *Stricknadeln Nr. 3,5–4*

Muster

Grundmuster:
M-Zahl teilbar durch 8. Im Wechsel 3 M re, 5 M li str. Die M der Rück-R stets str wie sie erscheinen.

Zopfmuster:
Über 13 M nach der Strickschrift arbeiten. Die 1. – 30. R stets wdh. In den Rück-R die M str wie sie erscheinen.

Maschenprobe:
28 M und 34 R = 10 x 10 cm (leicht gedehnt messen)

Ausführung

Rücken- und Vorderteil in Runden in einem Stück str: 232 (256) M anschlagen und im Grundmuster in Runden gerade hochstr, nach 40 cm die M abketten.

Ärmel:
73 (83) M anschlagen und mit 1 Rück-R wie folgt beginnen: 1 Rand-M, 3 M li, 5 M re, 3 M li, 5 M re, 3 M li, 7 M re, 3 M li, 5 M re, 3 M li, 5 M re, 3 M li, 7 M re, 3 M li, 5 M re, 3 M li, 5 M re, 3 M li, 1 Rand-

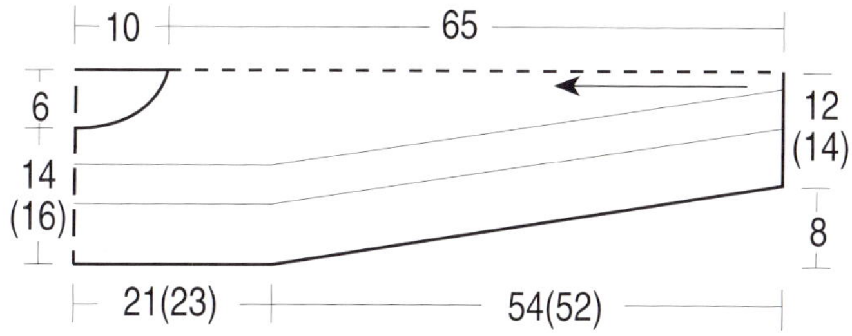

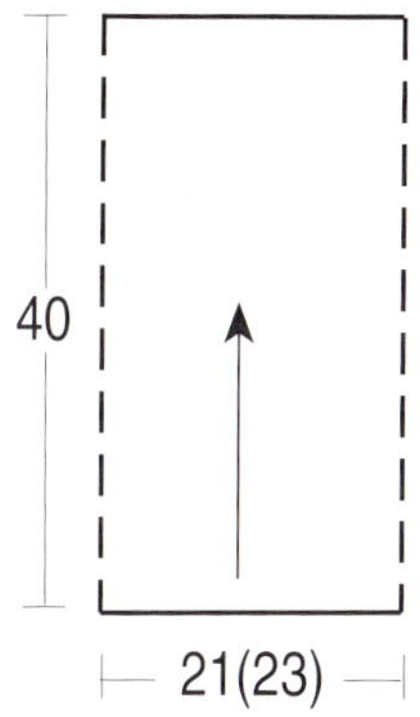

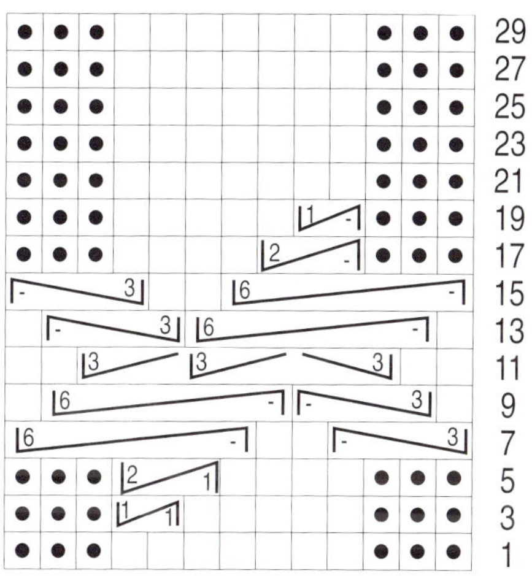

li M

re M

1 M auf einer Zopfmusternadel hinter die Arbeit legen, die folgende M re str, dann die M der Zopfmusternadel re bzw. li str.

1 M auf einer Zopfmusternadel hinter die Arbeit legen, die folgenden 2 M re str, dann die M der Zopfmusternadel re bzw. li str.

1 M auf einer Zopfmusternadel hinter die Arbeit legen, die folgenden 6 M re str, dann die M der Zopfmusternadel li str

3 M auf einer Zopfmusternadel vor die Arbeit legen, die folgende M li str, dann die M der Zopfmusternadel re str

3 M auf einer Zopfmusternadel hinter die Arbeit legen, die folgenden 3 M auf einer 2. Zopfmusternadel vor die Arbeit legen, die folgenden 3 M re str, dann die M der 2. Zopfmusternadel re str, anschließend die 3 M der 1. Zopfmusternadel re str

M (für Gr. 40–42: 1 Rand-M, 5 M re, 3 M li, 5 M re, 3 M li, 5 M re, 3 M li, 7 M re, 3 M li, 5 M re, 3 M li, 5 M re, 3 M li, 7 M re, 3 M li, 5 M re, 3 M li, 5 M re, 3 M li, 5 M re, 1 Rand-M). Die Aufteilung = 1 Rand-M, 16 (21) M Grundmuster, 13 M Zopfmuster, 13 M Grundmuster, 13 M Zopfmuster, 16 (21) M Grundmuster, 1 Rand-M. Ein farbiger Faden zwischen Grund- und Zopfmuster erleichtert das Auszählen der Arbeit. Achtung! Für die Ärmelschräge werden die Zunahmen zwischen den 2 Zöpfen gearbeitet. Hierfür beidseitig der 5 li M in jeder 8. R 24-mal 1 M aus dem Querfaden verschränkt zunehmen und dem Grundmuster anpassen. Man beginnt zunächst mit 5 li M, dann die 3 re M zuordnen = 121 (131) M.

Für den Halsausschnitt nach 65 cm die Arbeit teilen: Für den hinteren Halsausschnitt über 57 (62) M noch 20 cm str, dann die M stilllegen. Für den vorderen Halsausschnitt am Innenrand in jeder 2. R 1-mal 5 M, 2-mal 3 M, 3-mal 2 M und 8-mal 1 M abnehmen = 39 (44) M. Nach 10 cm ist die vordere Mitte erreicht. Ab vordere Mitte diese M wieder zunehmen: In jeder 2. R 8-mal 1 M, 3-mal 2 M, 2-mal 3 M und 1-mal 5 M zunehmen. Nach insgesamt 85 cm über alle 121 (131) M weiterarbeiten. Nach 93 cm für die folgende Ärmelschräge in jeder 8. R zwischen den Zöpfen 24-mal 1 M abnehmen = 73 (83) M. Nach insgesamt 150 cm die M abketten.

Fertigstellung

Die Teile nach dem Schnitt spannen und Vorder- und Rückenteil an das Oberteil nähen, dann die Ärmelnähte schließen. Aus dem Halsausschnitt 144 M auffassen (M-Zahl teilbar durch 8) und 6 cm Grundmuster str. Die M locker abketten, die Blende zur Hälfte nach links einschlagen und gegennähen.

(Die Anleitung für den Herrenpullover finden Sie auf Seite 38.)

Patentpullover

Größe:

38–40 und 44–46
Die Angaben für Größe 44–46 stehen in Klammern. Ist nur eine Angabe vorhanden, gilt diese für beide Größen.

Material

- *Schachenmayr-Wolle Bambino (60% Baumwolle, 40% Polyacryl, Lauflänge ca. 110 m/25 g)*
  - *675 (725) g in Bleu Nr. 53*
  - *300 (325) g in Weiß Nr. 01*
- *Stricknadeln Nr. 7*

Muster

Grundmuster:
(4-fädig str.) M-Zahl teilbar durch 3 + 2 Rand-M. Alle Rück-R: re M str. Alle Hin-R: 1 Rand-M, *1 M li, 1 M re – dabei diese M 1 R tiefer einstechen (die M der Vor-R löst sich auf und es entsteht eine Patent-M), 1 M li, ab * stets wdh.

Streifenfolge:
30 R = 4 Fäden Bleu
26 R = 3 Fäden Bleu + 1 Faden Weiß
22 R = 2 Fäden Bleu + 2 Fäden Weiß
18 R = 1 Faden Bleu + 3 Fäden Weiß
14 R = 2 Fäden Weiß + 2 Fäden Bleu
10 R = 1 Faden Weiß + 3 Fäden Bleu
= 120 R

Maschenprobe:
12 M und 19 R = 10 x 10 cm

Ausführung

Rückenteil:
68 (74) M 4-fädig in Bleu anschlagen und im Grundmuster und der Streifenfolge gerade hochstr. Nach den 120 R der Streifenfolge das Teil in 4-fädig Bleu beenden.
Armausschnitt:
Nach 42 (40) cm beidseitig 1-mal 5 M abketten = 58 (64) M. Nach 68 cm (ca. 130 R) alle M abketten.

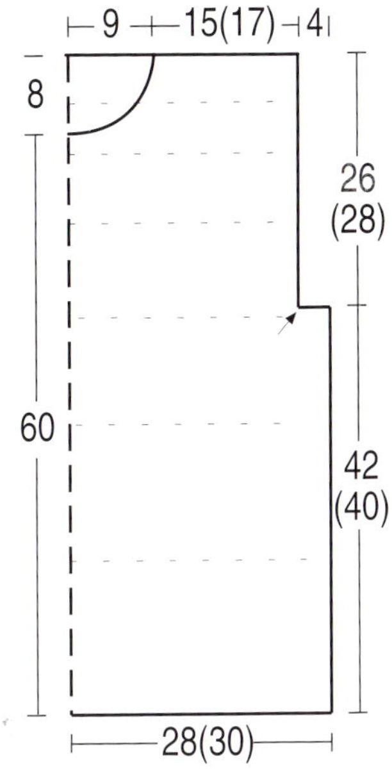

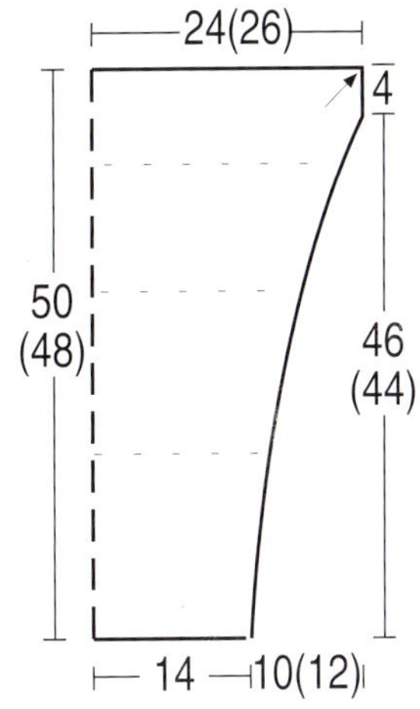

Vorderteil:
Wie das Rückenteil arbeiten, jedoch für den Halsausschnitt nach 60 cm die mittleren 4 M abketten und beide Seiten getrennt beenden. Für die Rundung in jeder 2. R 1-mal 3 M, 2-mal 2 M und 2-mal 1 M abketten. Nach 68 cm die 18 (21) Schulter-M abketten.

Ärmel:
35 M 4-fädig in Bleu anschlagen und im Grundmuster und in der Streifenfolge str.
Ärmelschräge:
Beidseitig in jeder 8. R 8 (0)-mal 1 M und in jeder 6. R 4 (14)-mal 1 M zu-nehmen = 59 (63) M. Die Zunahmen dem Grundmuster zuordnen. Nach 50 (48) cm alle M abketten.

Fertigstellung

Die Teile nach dem Schnitt spannen. Die Nähte schließen und die Ärmel zeichengemäß einsetzen, dabei den Armausschnitt auf Ärmelweite einhalten. Aus dem Halsausschnitt 4-fädig in Bleu 54 M auffassen und ca. 7 cm in Runden im Grundmuster str = 1. Rd li M str. 2. Rd *2 M li, 1 M re – dabei diese M 1 R tiefer einstechen (die M der Vor-R löst sich auf und es entsteht eine Patent-M), ab * stets wdh. Die M locker abketten.

Herrenpullover mit Passe

Größe:

48–50 und 52–54
Die Angaben für Größe 52–54 stehen in Klammern. Ist nur eine Angabe vorhanden, gilt diese für beide Größen.

Material

- *Schachenmayr-Wolle MEGA (100% Schurwolle, Lauflänge ca. 100 m/100 g) - 1400 (1500) g in Marine Nr. 50*
- *Stricknadeln Nr. 6–8*
- *4 Knöpfe*

Muster

Bundmuster:
(Nadel Nr. 6–7) Krausrippen = Hin- und Rück-R re M str. Die Kanten als Knötchenrand arbeiten.

Grundmuster:
(Nadel Nr. 7–8) Glatt re mit Krausrippe: 1., 3., 5. und 6. R re M str, 2. und 4. R = Rück-R li M str.
Die 1. – 6. R stets wdh.

Passenmuster:
Nach der Strickschrift auf Seite 40 arbeiten. In den Rück-R die M str. wie sie erscheinen. 1-mal die 1. – 48. R str, dann den Musterrapport ab 33. R wdh.
Achtung! Für das Passenmuster werden in jeder 4. R 1 M zugenommen, das ist in der Strickschrift eingezeichnet.

Maschenprobe Grundmuster:
14 M und 22 R = 10 x 10 cm

Maschenprobe Passenmuster:
18 M und 22 R = 10 x 10 cm

Ausführung

Rückenteil:
83 (89) M anschlagen und 3 cm Bundmuster arbeiten. Zum Grundmuster übergehen – dabei für den Schlitz beidseitig über je 4 M weiter im Bundmuster mit Knötchenrand arbeiten. Nach insgesamt 12 cm über alle M im Grundmuster str.
Armausschnitte:
Nach 44 (42) cm Gesamtlänge beidseitig 1-mal 6 M abketten = 71 (77) M.
Halsausschnitt:
Nach 69 cm Gesamtlänge die mittleren 13 M abketten und beide Seiten getrennt beenden. Für die Rundung am Innenrand in jeder 2. R 2-mal 2 M und 1-mal 1 M abketten. Nach 72 cm Gesamtlänge die 24 (27) Schulter-M abketten.

Vorderteil:
Wie das Rückenteil arbeiten, jedoch für die Passe nach 38 cm Gesamtlänge die Arbeit teilen. Über die ersten 44 (47) M das li Vorderteil str, die anderen 39 (42) M stilllegen. Und so str Sie das li Vorderteil: 1 Rand-M, 35 M Grundmuster, 4 M Passenmuster, 3 M Bundmuster, 1 Rand-M. Das Passenmuster wird in jeder 2. R um 2 M nach re versetzt und es werden insgesamt 8 M zugenommen. Die Knopflöcher sind in der Strickschrift eingezeichnet. Den Armausschnitt am re Rand arbeiten, wie beim Rückenteil beschrieben.
Halsausschnitt:
Nach 64 cm Gesamtlänge am li Rand in jeder 2. R 1-mal 7 M, 1-mal 3 M, 2-mal 2 M und 4-mal 1 M abnehmen. Nach 72 cm Gesamtlänge die 28 (31) Schulter-M abketten.
Das re Vorderteil gegengleich arbeiten: Hierfür die stillgelegten 39 (42) M in Arbeit nehmen und zusätzlich am Innenrand noch 5 M neu anschlagen = 44 (47) M.

Ärmel:
41 M anschlagen und 3 cm Bundmuster arbeiten, für das Rautenmuster 9-mal nach jeder 4. M 1 M aus dem Querfaden verschränkt zunehmen = 50 M. Das Rautenmuster nach dem Musterrapport des Passenmusters (in der Strickschrift eingerahmt) arbeiten: 1 Rand-M, 8 M vor dem Rapport, 2-mal den Musterrapport, 8 M nach dem Rapport, 1 Rand-M. Die 33.– 48. R der Strickschrift stets wdh.
Ärmelschräge:
Nach 3 cm beidseitig 1-mal 1 M, in jeder 4. R 22-mal 1 M zunehmen (in jeder 4. R 20-mal 1 M, in jeder 2. R 7-mal 1 M zunehmen) = 96 (104) M. Die Zunahmen dem Muster zuordnen. Nach ca. 53 cm Gesamtlänge alle M abketten.

- re M
- li M
- Umschlag
- 2 M re überzogen zusammenstr
- 2 M auf einer Zopfmusternadel vor die Arbeit legen, die folgenden 2 M re str, dann die M der Zopfmusternadel re str
- 2 M auf einer Zopfmusternadel vor die Arbeit legen, die folgende M 1-mal re und 1-mal li abstr = 2 M aus einer M herausstr, dann die M der Zopfmusternadel re str
- 2 M auf einer Zopfmusternadel hinter die Arbeit legen, die folgenden 2 M re str, dann die M der Zopfmusternadel re str
- 1 M auf einer Zopfmusternadel hinter die Arbeit legen, die folgenden 2 M re str, dann die 1 M der Zopfmusternadel 1-mal re und 1-mal li abstr

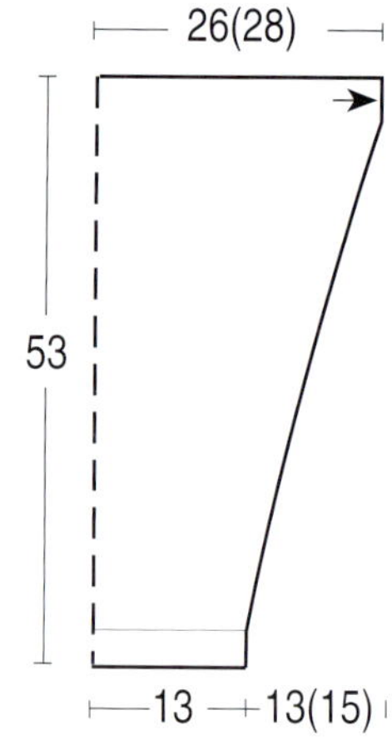

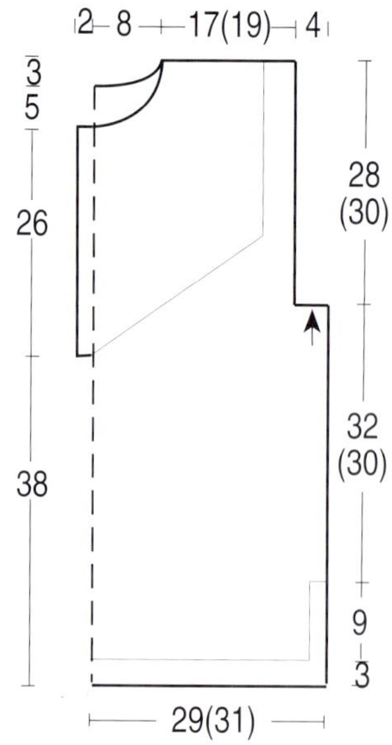

rechtes Vorderteil

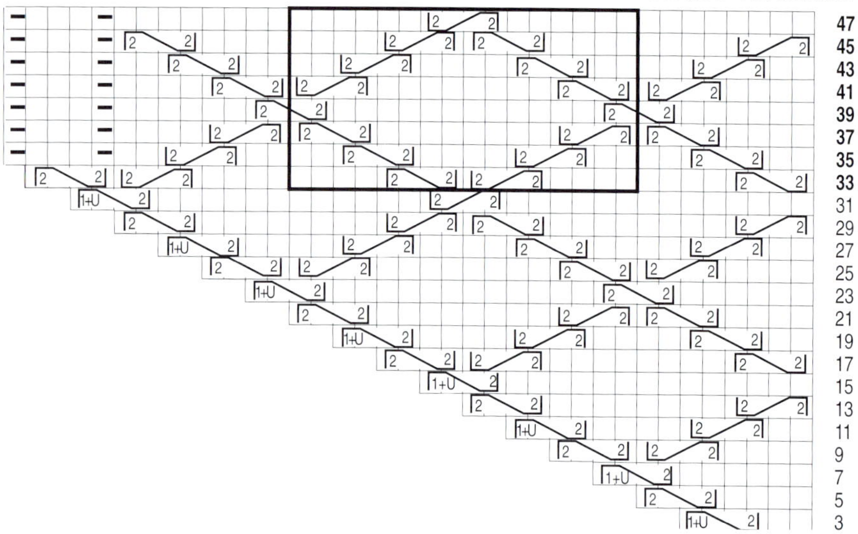

linkes Vorderteil

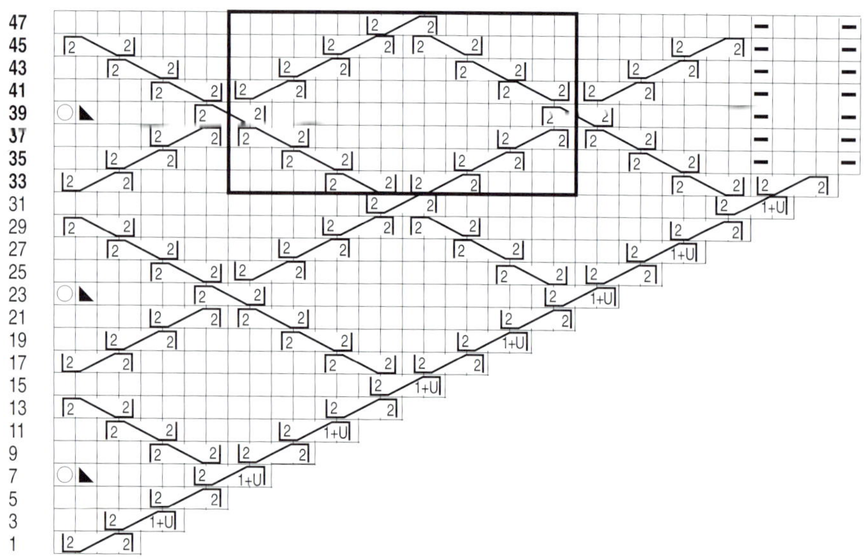

Fertigstellung

Die Teile nach dem Schnitt spannen, evt. dämpfen. Die Nähte schließen, dabei im Pulloverteil 12 cm lange Seitenschlitze lassen. Die Armausschnitte beim Einnähen der Ärmel auf Ärmelweite einhalten. Für den Kragen aus dem Halsausschnitt ab vordere Mitte 62 M auffassen und ca. 10 cm Bundmuster str, dann die M locker abketten. Die Blendenschmalseite vom re Vorderteil annähen und die Knöpfe annähen. Die auf der linken Passenseite senkrecht hochlaufenden re M voreinandernähen, so entsteht auf der rechten Seite eine kleine Wulst.

Basken-mütze

Kopfumfang:

ca. 54 cm

Material

- *Schachenmayr-Wolle Extra (100% Schurwolle, Lauflänge ca. 125 m/50 g)*
  - 100 g in Admiral Nr. 3553
  - 50 g in Weiß Nr. 3524
- *Nadelspiel Nr. 3,5–4*

Muster

Grundmuster:
In Runden re M str.

Streifenfolge:
* 3 Rd Admiral, 1 Rd Weiß, ab * stets wdh.

Maschenprobe:
22 M und 30 R = 10 x 10 cm

Ausführung

120 M in Admiral anschlagen, die M auf 4 Nadeln verteilen (je 30 M) und 6 Rd glatt re, 1 Rd li M, 6 Rd glatt re str. Dann nach der Streifenfolge arbeiten. Für die Zunahmen 8-mal jede 15. M kennzeichnen und in jeder 2. Rd vor den gekennzeichneten M 13-mal 1 M aus dem Querfaden verschränkt zunehmen = 224 M. Nach 28 Rd Streifenfolge mit den Abnahmen beginnen: Dafür in jeder 2. Rd 27-mal die gekennzeichneten M mit der vorhergehenden M re zus-str = 8 M. 4-mal 2 M re zus-str und über diese 4 M einen 2 cm langen Schnippel in Admiral wie folgt str: * 4 M re str, die M auf die rechte Nadelspitze zurückziehen (die Arbeit nicht wenden!), den Strickfaden auf der li Strickseite mitführen, ab * stets wdh. Zum Schluß die M auf dem Endfaden zusammenziehen; vernähen. Die untere Kante zur Hälfte nach links einschlagen und gegennähen.

Kinder-pullover

Größe:

92–98 cm

Material

- *Schachenmayr-Wolle MEGA (100% Schurwolle, Lauflänge ca. 100 m/100 g)*
  - *- 400 g in Natur Nr. 02*
  - *- 300 g in Jeans Nr. 52*
- *Stricknadeln Nr. 7–8*

Muster

M-Anschlag:
Mit einem Kontrastfaden die Hälfte der benötigten M anschlagen und 2 R glatt re str. Mit dem Originalgarn noch 5 R glatt re str. In der folgenden R = Rück-R nach jeder li gestrickten M 5 R tiefer stechen und den Querfaden der 1. R (vom Originalgarn) auf die Nadel nehmen = doppelte M-Zahl. Den Kontrastfaden nach einigen R Grundmuster ausziehen.

Zopfmuster:
M-Zahl teilbar durch 17 + 2 Rand-M. Nach der Strickschrift arbeiten. Es sind nur die Hin-R gezeichnet. In den Rück-R die M str wie sie erscheinen. Die 1. – 8. R stets wdh.

Maschenprobe:
18 M und 18 R = 10 x 10 cm

Ausführung

Rückenteil:
35 M mit einem Kontrastfaden anschlagen und den M-Anschlag in Jeans arbeiten, dann das Grundmuster über 70 M str: 1 Rand-M, 4-mal den Musterrapport, 1 Rand-M. In dieser Aufteilung gerade hochstr. Streifenfolge: Nach 22 cm 6 R Natur, 4 R Jeans, dann das Teil in Natur weiterarbeiten.
Armausschnitte:
Nach 25 cm beidseitig 1 mal 4 M abketten = 62 M.
Nach 45 cm alle M abketten.

Vorderteil:
Wie das Rückenteil arbeiten, je-

doch für den Halsausschnitt nach 29 cm die Arbeit in der Mitte teilen und beide Seiten getrennt beenden. Für die Ausschnittschräge in jeder 2. R 13-mal 2 M wie folgt zus-str: Am li Rand die 3. und 4. letzte M re überzogen zus-str, am re Rand die 3. und 4. M re zus-str. Nach 45 cm die 18 Schulter-M abketten.

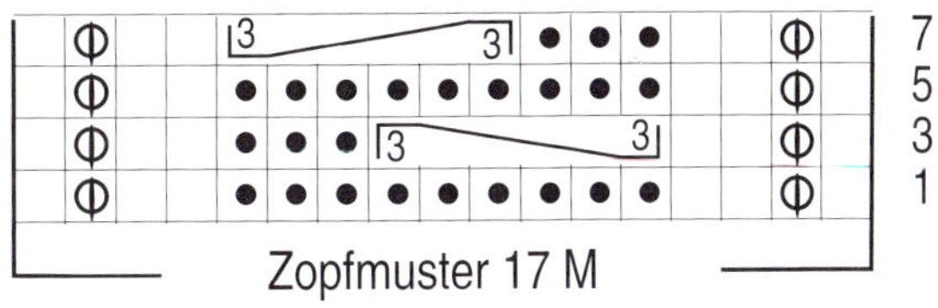

● re M

☐ li M

Φ re verschränkte M: In der Rück-R diese M li verschränkt abstr

3 ⟍ 3: 3 M auf einer Zopfmusternadel vor die Arbeit legen, die folgenden 3 M re str, dann die M der Zopfmusternadel re str

3 ⟋ 3: 3 M auf einer Zopfmusternadel hinter die Arbeit legen, die folgenden 3 M re str, dann die M der Zopfmusternadel re str

Ärmel:
21 M mit einem Kontrastfaden anschlagen und den M-Anschlag in Jeans arbeiten, dann das Grundmuster über 42 M wie folgt aufteilen: 1 Rand-M, 1-mal die 15. – 17. M des Zopfmusters, 2-mal den Musterrapport, 1-mal die 1. – 3. M des Zopfmusters, 1 Rand-M.
Seitenschräge:
Nach 4 cm beidseitig in jeder 3. R (oder abwechselnd in jeder 4. und folgenden 2. R) 12-mal 1 M zunehmen (66 M). Die zugenommenen M dem Grundmuster anpassen.
Für die Streifen nach 22 cm 1-mal 4 R in Natur und 6 R in Jeans str, dann die M abketten.

Fertigstellung

Die Teile nach dem Schnitt spannen, evt. leicht dämpfen und die Nähte schließen, dabei die Armausschnitte auf Ärmelweite einhalten. Aus dem Halsausschnitt ca. 86 M in Natur auffassen und 10 R Krausrippen str. = Hin- und Rück-R re M str. Die Blendenschmalseiten rechts über links in den Ausschnitt nähen.

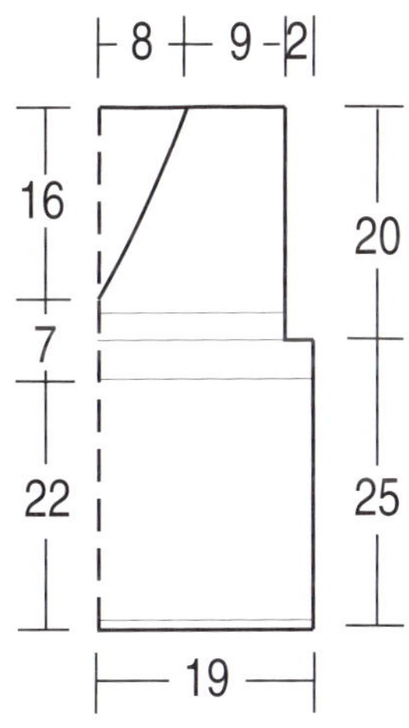

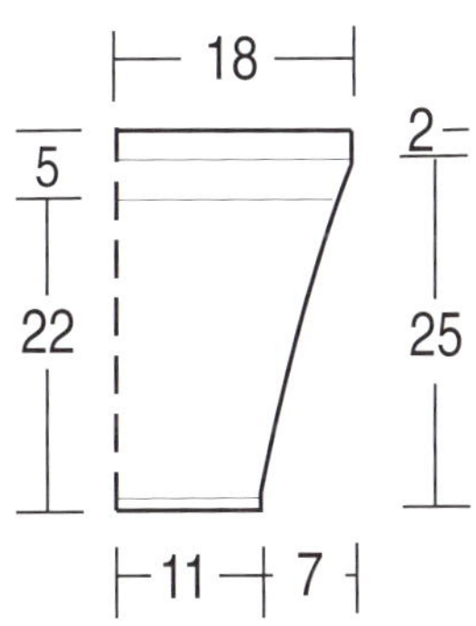

Socken für die Familie

Kindersocken mit Segelschiff Gr. 30/31

Material

- *Schachenmayr-Wolle Regia 4fach (75% Schurwolle, 25% Polyamid, Lauflänge ca. 210 m/50 g)*
  - *15 g in Hochrot Nr. 2054*
  - *25 g in Königsblau Nr. 2000*
  - *15 g in Superweiß Nr. 2080*
- *Nadelspiel Nr. 2–3*
- *Sticknadel ohne Spitze*

Muster

Bundmuster:
2 M re, 2 M li im Wechsel str in Hochrot.

Grundmuster:
Glatt re in Runden = nur re M str.

Streifenfolge:
* 4 Rd Königsblau, 1 Rd Hochrot, 2 Rd Superweiß, ab * stets wdh. Das Segelschiff wird im Maschenstich aufgestickt (Zählmuster auf Seite 47).

Ausführung

Mit dem Nadelspiel schlagen Sie 52 Maschen = 13 M auf jeder Nadel an und stricken 3 cm Bundmuster, dann im Grundmuster 21 Rd nach der Streifenfolge, 18 Rd in Königsblau (als Untergund für das Stickmotiv) und weiter nach der Streifenfolge ab * arbeiten. Nach 57 Rd Grundmuster die Ferse in Hochrot arbeiten. Den Fuß nach der Streifenfolge und die Spitze in Königsblau arbeiten. Das Segelschiff seitlich auf den Schaft sticken.

Herrensocken mit Anker Gr. 42/43

Material

- *Schachenmayr-Wolle Regia 4fach (75% Schurwolle, 25% Polyamid, Lauflänge ca. 210 m/50 g)*
  - *60 g in Königsblau Nr. 2000*
  - *15 g in Hellblau Nr. 1945*
  - *25 g in Superweiß Nr. 2080*
- *Reste in Canari Nr. 612 und Hochrot Nr. 2054*
- *Nadelspiel Nr. 2–3*
- *Sticknadel ohne Spitze*

Muster

Bundmuster:
2 M re, 2 M li im Wechsel str in Königsblau.

Grundmuster:
Glatt rechts in Runden = nur re M str.

Streifenfolge:
* 5 Rd Königsblau, 2 Rd Hellblau, 3 Rd Superweiß, ab * stets wdh. Der Anker wird im Maschenstich über die Streifen gestickt (Zählmuster auf Seite 47).

Ausführung

Mit dem Nadelspiel schlagen Sie 64 Maschen = 16 M auf jeder Nadel an und stricken 4 cm Bundmuster, dann im Grundmuster nach der Streifenfolge arbeiten. Nach 65 Rd Grundmuster die Ferse in Königsblau arbeiten. Den Fuß nach der Streifenfolge und die Spitze in Königsblau arbeiten. Den Anker seitlich auf den Schaft sticken.

Damensocken mit Krone Gr. 38/39

Material

- *Schachenmayr-Wolle Regia 4fach (75% Schurwolle, 25% Polyamid, Lauflänge ca. 210 m/50 g)*
  - 45 g in Superweiß Nr. 2080
  - 35 g in Königsblau Nr. 2000
  - 10 g in Canari Nr. 612
- *Nadelspiel Nr. 2–3*
- *Sticknadel ohne Spitze*

Muster

Bundmuster:
2 M re, 2 M li im Wechsel str in Superweiß.

Grundmuster:
Glatt rechts in Runden = nur re M str.

Streifenfolge:
* 7 Rd Superweiß, 2 Rd Canari, 1 Rd Superweiß, 3 Rd Königsblau, ab * diese 13 Rd stets wdh.
Die Krone wird anschließend im Maschenstich aufgestickt.

Ausführung

Mit dem Nadelspiel schlagen Sie 60 Maschen = 15 M auf jeder Nadel an und stricken 4 cm Bundmuster, dann im Grundmuster 13 Rd nach der Streifenfolge, 21 Rd Superweiß, 3 Rd Königsblau und 13 Rd in der Streifenfolge arbeiten. Nach 50 Rd Grundmuster die Ferse in Königsblau arbeiten. Den Fuß nach der Streifenfolge und die Spitze in Königsblau arbeiten. Die Krone seitlich auf den Schaft sticken.

Die Technik des Sockenstrickens

Das Fersenteil wird nur mit den Maschen der 1. und 4. Nadel gearbeitet. Häufig werden die ersten und letzten 2 – 3 Maschen kraus gestrickt, die dabei entstehenden Rippen erleichtern das Zählen. Für die Fersenwand stricken Sie soviele Reihen, wie Fersenmaschen vorhanden sind. Verteilen Sie dann die Maschen gleichmäßig auf 3 Nadeln und arbeiten die Fersenkappe: In folgender Hinreihe stricken Sie die Maschen von der 1. und 2. Nadel rechts bis auf die letzte Masche der 2. Nadel, * heben diese ab, stricken die anschließende Masche der 3. Nadel rechts und heben die abgehobene Masche darüber, wenden, heben die 1. Masche links ab, stricken die Maschen der 2. Nadel bis auf die letzte Masche links und stricken diese letzte Masche mit der

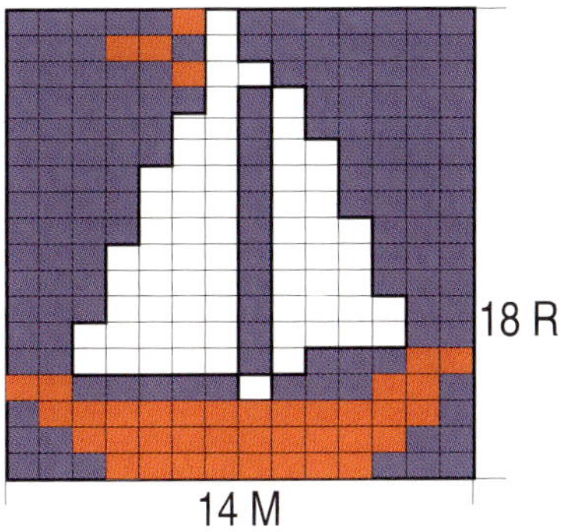

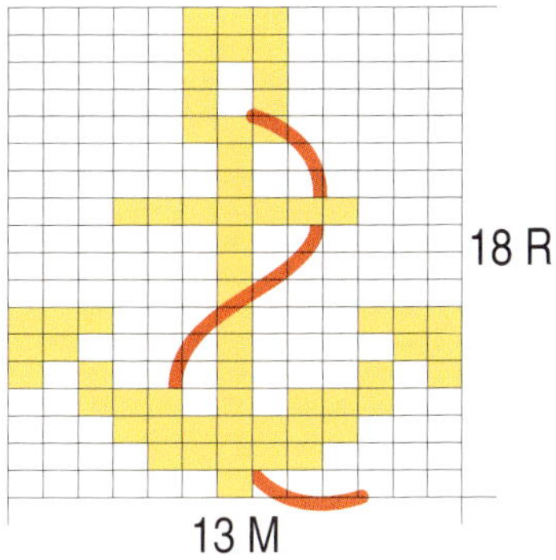

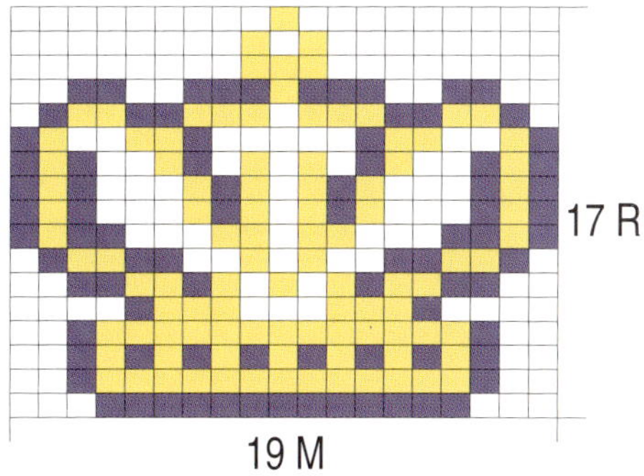

Größe	22/23	24/25	26/27	28/29	30/31	32/33	34/35	36/37	38/39	40/41	42/43	44/45	46/47
Maschenanschlag/M-Zahl je Nd	44/11	48/12	48/12	52/13	52/13	56/14	56/14	60/15	60/15	64/16	64/16	68/17	72/18
Maschenzahl für Fersenbreite	22	24	24	26	26	28	28	30	30	32	32	34	36
Reihenzahl für Fersenhöhe	20	22	22	24	24	26	26	28	28	30	30	32	34
Maschenzahl für Käppchen	7/8/7	8/8/8	8/8/8	8/10/8	8/10/8	9/10/9	9/10/9	10/10/10	10/10/10	10/12/10	10/12/10	11/12/11	12/12/12
Maschenaufnahme beidseitig	11	12	12	13	13	14	14	15	15	16	16	17	18
Fußlänge von Fersenmitte bis Spitze in cm	11,5	12,5	14	14	15,5	17	18	18,5	20	21	22	22,5	24
Abnahme für Bandspitze nach der 1. Abnahme in der 4. Rd.								1x	1x	1x	1x	1x	1x
in jeder 3. Rd.	1x	1x	1x	2x	2x	2x	2x	2x	2x	2x	2x	2x	2x
in jeder 2. Rd.	3x	3x	3x	3x	3x	3x	3x	3x	3x	3x	3x	4x	4x
in jeder Rd.	4x	5x	5x	5x	5x	6x	6x	6x	6x	7x	7x	7x	8x
Gesamte Fußlänge in cm	14,5	15,5	17	18	19,5	21	22	23,5	25	26,5	27,5	28,5	30

anschließenden Masche der 1. Nadel links zusammen, wenden, heben die 1. Masche links ab, stricken bis vor die letzte Masche der 2. Nadel und wiederholen ab * so oft bis alle Maschen der 1. und 3. Nadel aufgebraucht sind. Die Maschen des Mittelteils verteilen Sie gleichmäßig auf 2 Nadeln, Rundenbeginn ist in der Mitte. Mit der 1. Nadel stricken Sie nach dem Mittelteil aus jeder Fersenrandmasche 1 Masche, stricken Sie die Maschen der 2. und 3. Nadel rechts und stricken Sie aus jeder Randmasche des anderen Fersenrandes je 1 Masche. Um auf allen Nadeln wieder die gleiche Maschenzahl zu erhalten, stricken Sie beidseitig des Fersenteils einen Zwickel: In jeder 3. Runde bei der 1. Nadel die zweit- und drittletzte Masche rechts zusammenstricken, bei der 4. Nadel die 1. Masche rechts stricken, die 2. Masche abheben, die 3. Masche rechts stricken und die abgehobene Masche darüberheben = rechts überzogen zusammenstricken. Danach stricken Sie das Fußteil glatt rechts bis Spitzenbeginn weiter. Für die Spitze stricken Sie bei der 1. und 3. Nadel die zweit- und drittletzte Masche rechts zusammen, bei der 2. und 4. Nadel die 2. und 3. Masche rechts überzogen zusammenstricken. Dieses Zusammenstricken wiederholen Sie nach den Angaben in der Tabelle, bis nur noch 8 Maschen übrig sind. Diese mit doppeltem Faden zusammenziehen und vernähen.

Impressum

Die Deutsche Bibliothek – CIP-Einheitsaufnahme
Stricken Marinelook: Modelle für die ganze Familie/Dorothea Neumann/ Sabine Grehl
– München: Augustus-Verl., 2000
ISBN 3-8043-0749-3

Fotografie: Annette Hempfling, München
Lektorat: Renate Moog, Stephanskirchen
Umschlagkonzeption: Kontrapunkt, Kopenhagen
Satz und Layout: Petra Pawletko, Augsburg
Herstellung und Umschlaglayout: Charmaine Müller

AUGUSTUS VERLAG MÜNCHEN 2000

Reproduktion: Repro Mayr, Donauwörth
Druck und Bindung: Appl, Wemding

Gedruckt auf 135 g umweltfreundlich elementar chlorfrei gebleichtes Papier.

ISBN 3-8043-0749-3

Printed in Germany

Danksagung
Wir danken allen Firmen, die uns freundlicherweise Material und Zubehör zur Verfügung stellten. Unser besonderer Dank gilt der Schachenmayr/Coats GmbH und ganz besonders dem Designatelier, ohne deren tatkräftige Hilfe dieses Buch nicht zustande gekommen wäre.
Herzlichen Dank auch an die Segelschule Marx in Utting/Ammersee für die freundliche Unterstützung bei der Fotoproduktion.
Sollten Sie Material oder Zubehör nicht im Handel bekommen, so wenden Sie sich an die Herstellerfirma, dort wird man Ihnen gerne weiterhelfen.

Garne
Schachenmayr
Coats GmbH
Postfach 1254
73081 Salach

Stricknadeln und anderes Zubehör
Rump & Prym GmbH & Co. KG
Postfach 1363
58743 Altena/ Westfalen

Applikationen
Lohmann GmbH & Co. KG
Welmecke 4
58809 Neuenrade